2026학년도 **공무원** 데일리 유대종 **시즌 1**

STRUCTURE 이 책의 구성

1 꾸준한 학습으로
공부할 수 있는 **'DAY별 구성'**

• 한 주에 Day1~Day5까지 구성

2 국어 영역의
깊고 넓은 이해를
위한
'다양한 콘텐츠'

• PSAT 민경채 / 5급 / 입법 등 국어 영역과 관련된 모든 콘텐츠

문 제 편

국어 치열하게 독하게

공무원 데일리 유대종

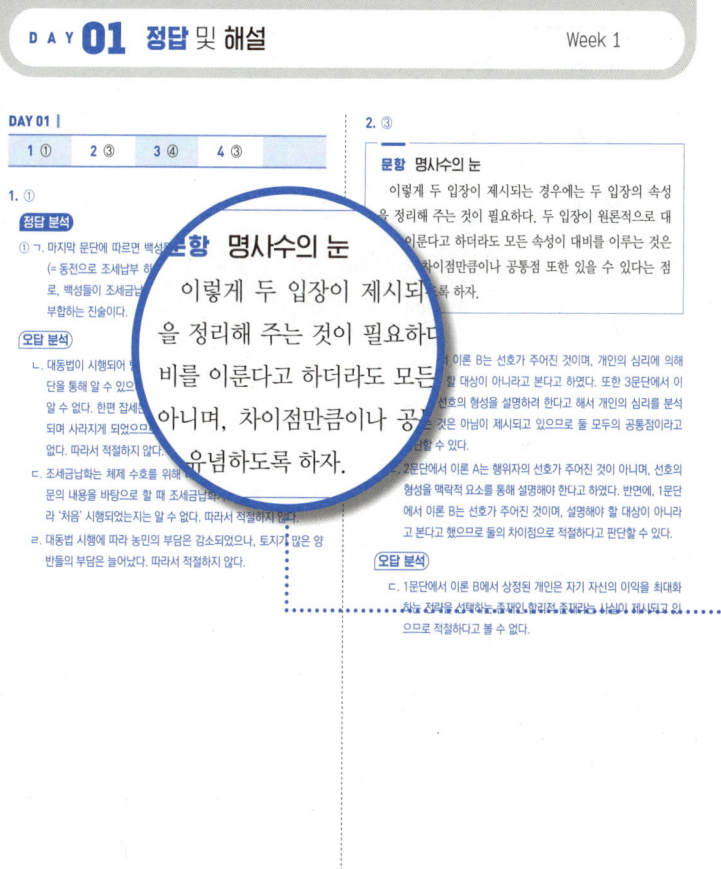

3

극도로 친절한 해설과
'명사수의 눈'

- '명사수의 눈' : 풀이의 접근 방식이 필수적인 문제에 대해서는, 어떻게 문제에 접근하고 정오를 판별할 수 있는지 선별적으로 설명

해 설 편

2026 공무원 데일리 유대종 시즌 1

CONTENTS

WEEK 1

- DAY 01 — 008
- DAY 02 — 014
- DAY 03 — 020
- DAY 04 — 026
- DAY 05 — 032

WEEK 2

- DAY 01 — 042
- DAY 02 — 048
- DAY 03 — 054
- DAY 04 — 060
- DAY 05 — 066

WEEK 3

DAY 01 ———————————— 076
DAY 02 ———————————— 082
DAY 03 ———————————— 088
DAY 04 ———————————— 094
DAY 05 ———————————— 100

WEEK 4

DAY 01 ———————————— 110
DAY 02 ———————————— 120
DAY 03 ———————————— 126
DAY 04 ———————————— 132
DAY 05 ———————————— 140

국어
치열하게
독하게

2026 **공무원 데일리 유대종 시즌 1**

[1] 다음 글을 읽고 물음에 답하시오.

조선정부가 부과하던 세금 중에서 농민들을 가장 고통스럽게 했던 것은 공물(貢物)이었다. 공물은 지방의 특산물을 세금으로 바치는 것이다. 하지만 그 지방에서 생산되지 않는 물품을 바치도록 함으로써 공물을 준비하는 데 많은 어려움이 있었다. 이에 따라 공물을 대신 납부하고 농민들에게 대가를 받는 방납(防納)이 성행하였는데, 방납 과정에서 관료와 결탁한 상인들이 높은 대가를 농민들에게 부담시켰으므로 농민들의 부담은 가중되었다.

임진왜란과 병자호란을 거치는 동안 농촌경제는 파탄이 났고 정부는 재정적자에 시달렸다. 이러한 체제 위기를 수습하기 위한 대책으로 마련된 것이 대동법(大同法)이다. 대동법은 특산물 대신 쌀을 바치도록 하고, 과세 기준도 호(戶)에서 토지로 바뀌었다. 이에 따라 방납으로 인한 폐단이 줄어들고, 토지가 많은 양반들의 부담이 늘어난 반면 농민들의 부담은 감소되었다.

대동법의 시행과 더불어 동전으로 세금을 납부하는 대전납(代錢納)의 추세도 확대되었다. 대전납의 실시로 화폐의 수요가 급속히 늘어나 상평통보와 같은 동전이 다량으로 주조되었다. 체제 수호를 위해 실시된 대동법과 조세금납화는 상품화폐경제의 발달을 촉진하면서 상업이 성장할 수 있는 여건을 제공하였다.

1894년 갑오개혁을 계기로 조선에서는 현물인 쌀 대신에 금속 화폐인 동전으로 조세를 납부하는 것이 전면화 되었다. 토지에 부과되던 원래의 세금 액수에 따라 납세액이 정해져 내야 하는 세금은 전에 비해 큰 차이가 없었다. 하지만 조세 수취 과정에서 발생했던 여러 잡세(雜稅)들은 없어지게 되었다. 갑오개혁에 부정적이었던 한말의 지사 황현(黃玹)조차 갑오정권의 조세금납화 정책에 대해 긍정적인 평가를 한 것은 "새로 개정된 신법이 반포되자 백성들은 모두 발을 구르고 손뼉을 치며 기뻐하여, 서양법을 따르든 일본법을 따르든 그들이 다시 태어난 듯 희색을 감추지 못하였"기 때문이었다.

1. 윗글의 내용과 부합하는 것을 〈보기〉에서 모두 고르면?

〈보기〉
ㄱ. 백성들은 조세금납 전면화를 환영하였다.
ㄴ. 대동법 시행에 따라 방납과 잡세가 사라졌다.
ㄷ. 일본법과 서양법에 따라 조세금납화가 처음 시행되었다.
ㄹ. 대동법 시행에 따라 양반과 농민의 부담이 모두 감소되었다.

① ㄱ
② ㄱ, ㄷ
③ ㄴ, ㄹ
④ ㄷ, ㄹ

[2] 다음 글을 읽고 물음에 답하시오.

　이론 A는 행위자들의 선호가 제도적 맥락 속에서 형성된다고 본다. 한편, 행위를 설명하기 위해 선호를 출발점으로 삼는 이론 B는 선호의 형성 과정에 주목하지 않는다. 왜냐하면 선호는 '주어진 것'이며 제도나 개인의 심리에 의해 설명해야 할 대상이 아니라고 보기 때문이다. 이 주어진 선호는 합리적인 것으로 간주된다. 왜냐하면 이론 B에서 상정된 개인은 자기 자신의 이익을 최대화하는 전략을 선택하는 존재, 즉 합리적 존재라 가정되기 때문이다.
　이론 A는 행위자들의 선호를 주어진 것으로 간주해서는 안 된다고 본다. 행위의 구체적 맥락을 이해하지 못한다면 자기 이익을 최대화하는 전략을 따른 행위를 강조하는 것이 아무런 의미를 갖지 못한다고 보기 때문이다. 구체적인 상황 속에서 행위자는 특정한 목적과 수단을 가지고 행위하기 마련이다. 그렇다면 그런 행위자들의 행위를 제대로 설명하기 위해서는 그 목적과 수단이 왜 자신의 이익을 최대화한다고 생각했는지, 즉 왜 그런 선호가 형성되었는지 설명해야 한다. 그런데 제도와 같은 맥락적 요소를 배제하면, 그런 선호 형성을 설명할 수 없다. 따라서 이론 A는 행위자들의 선호 형성도 설명해야 할 대상으로 상정한다.
　이론 A가 선호의 형성을 설명하려 한다고 해서 개인의 심리를 분석하려는 것은 아니다. 이론 A에 따르면, 제도는 구체적 상황에 처한 행위자들의 선택을 제약함으로써 그들의 전략에 영향을 준다. 또한 제도는 행위자들이 자신이 추구하는 목적을 구체화하는 데도 영향을 미친다. 그렇다고 행위가 제도에 의해 완전히 결정된다는 것은 아니다. 구체적 상황에서의 행위자들의 행위를 이해하게 해주는 단서는 제도적 맥락으로부터 찾아야 한다는 것이 이론 A의 견해이다.

2. 윗글에 대한 분석으로 적절한 것을 〈보기〉에서 모두 고른 것은?

> **보기**
> ㄱ. 선호 형성과 관련해 이론 A와 이론 B는 모두 개인의 심리에 대한 분석에 주목하지 않는다.
> ㄴ. 이론 A는 맥락적 요소를 이용해 선호 형성 과정을 설명하려고 하지만 이론 B는 선호 형성 과정을 설명하려 하지 않는다.
> ㄷ. 이론 B는 행위자가 자기 자신의 이익을 최대화하는 전략에 따른다는 것을 부정하지만 이론 A는 그렇지 않다.

① ㄱ　　　　　② ㄷ
③ ㄱ, ㄴ　　　④ ㄴ, ㄷ

[3] 다음 글을 읽고 물음에 답하시오.

현대의 과학사가들과 과학사회학자들은 지금 우리가 당연시하는 과학과 비과학의 범주가 오랜 시간에 걸쳐 구성된 범주임을 강조하면서 과학자와 대중이라는 범주의 형성에 연구의 시각을 맞출 것을 주장한다. 특히 과학 지식에 대한 구성주의자들은 과학과 비과학의 경계, 과학자와 대중의 경계 자체가 처음부터 고정된 경계가 아니라 오랜 역사적 투쟁을 통해서 만들어진 문화적 경계라는 점을 강조한다.

과학자와 대중을 가르는 가장 중요한 기준은 문화적 능력이라고 할 수 있는데 이것은 과학자가 대중과 구별되는 인지 능력이나 조작 기술을 가지고 있다는 것을 의미한다. 부르디외의 표현을 빌자면, 과학자들은 대중이 결여한 '문화 자본'을 소유하고 있다는 것이다. 이러한 문화 자본 때문에 과학자들과 대중 사이에 불연속성이 생겨난다. 여기서 중요한 것은 이러한 불연속성의 형태와 정도이다.

예를 들어 수리물리학, 광학, 천문학 등의 분야는 대중과 유리된 불연속성의 정도가 상대적으로 컸다. 고대부터 16세기 코페르니쿠스에 이르는 천문학자들이나 17세기 과학혁명 당시의 수리물리학자들은 그들의 연구가 보통의 교육을 받은 사람들을 대상으로 한 것이 아니고, 그들과 같은 작업을 하고 전문성을 공유하고 있던 사람들만을 위한 것이라는 점을 분명히 했다. 갈릴레오에 따르면 자연이라는 책은 수학의 언어로 쓰여 있으며 따라서 이 언어를 익힌 사람만이 자연의 책을 읽어낼 수 있다. 반면 유전학이나 지질학 등은 20세기 중반 전까지 대중 영역과 일정 정도의 연속성을 가지고 있었으며 거기서 영향을 받았던 것이 사실이다. 특히 20세기 초 유전학은 멘델 유전학의 재발견을 통해 눈부시게 발전할 수 있었는데 이러한 발전은 실제로 오랫동안 동식물을 교배하고 품종개량을 해왔던 육종가들의 기여 없이는 불가능했다.

3. 윗글에서 이끌어 낼 수 있는 진술은?

① 과학과 비과학의 경계는 존재하지 않는다.
② 과학자들은 과학혁명 시기에 처음 '문화 자본'을 획득했다.
③ 과학과 비과학을 가르는 보편적 기준은 수학 언어의 유무이다.
④ 과학자와 대중의 불연속성은 동일한 정도로 나타나지 않는다.

국어 치열하게 독하게

4. 다음 진술이 모두 참일 때 '나'에 대하여 반드시 참인 것은?

- 나는 오늘 축구를 했거나 넷플릭스를 보았다.
- 만약 내가 축구를 하면, 근육량이 증가한다.
- 나는 오늘 넷플릭스를 보지 않았다.

① 오늘 축구를 하고 넷플릭스를 보았다.
② 축구를 했지만 근육량이 증가하지 않았다.
③ 오늘 근육량이 증가하였다.
④ 근육량이 증가하면 축구를 한 것이다.

5. 밑줄 친 부분이 〈보기〉의 ㉠에 해당하지 않는 것은?

보기

국어에서는 의존 명사가 수량을 표현하는 말 뒤에 쓰여 수효나 분량 따위의 단위를 나타내는 경우가 일반적이지만, ㉠자립 명사가 단위를 나타내는 경우도 있다. 예를 들어 '사람'은 자립 명사로 쓰이기도 하지만 수량을 표현하는 말 뒤에 쓰여 사람을 세는 단위를 나타낼 수도 있다.

- 의존 명사 : 그 아이는 올해 아홉 살이다.
- 자립 명사 : 그는 사람을 부리는 재주가 있다.
- 자립 명사가 단위를 나타내는 경우
  : 친구 다섯 사람과 함께 도서관에 갔다.

① 이 글에는 여러 군데 잘못이 있다.
② 앉은자리에서 밥 두 그릇을 다 먹었다.
③ 시장에서 수박 세 덩어리를 사 가지고 왔다.
④ 할아버지께서는 밥을 몇 숟가락 겨우 뜨셨다.
⑤ 나는 서너 발자국 뒤로 물러서다가 냅다 도망쳤다.

DAY 01 정답 및 해설

Week 1

DAY 01

| 1 ① | 2 ③ | 3 ④ | 4 ③ | 5 ① |

1. ①

정답 분석

① ㄱ. 마지막 문단에 따르면 백성들은 갑오개혁 이후 새로 개정된 신법(= 동전으로 조세납부 하는 것의 전면화)이 반포되자 기뻐했으므로, 백성들이 조세금납 전면화를 환영했다는 것은 본문의 내용과 부합하는 진술이다.

오답 분석

ㄴ. 대동법이 시행되어 방납으로 인한 폐단은 줄어들었다는 것은 2문단을 통해 알 수 있으나, 이를 바탕으로 방납이 아예 사라졌는지는 알 수 없다. 한편 잡세는 갑오개혁을 계기로, 조세금납화가 전면화되며 사라지게 되었으므로 대동법 시행에 따라 사라졌다고 할 수 없다. 따라서 적절하지 않다.

ㄷ. 조세금납화는 체제 수호를 위해 대동법과 함께 시행되었는데, 지문의 내용을 바탕으로 할 때 조세금납화가 일본법과 서양법에 따라 '처음' 시행되었는지는 알 수 없다. 따라서 적절하지 않다.

ㄹ. 대동법 시행에 따라 농민의 부담은 감소되었으나, 토지가 많은 양반들의 부담은 늘어났다. 따라서 적절하지 않다.

2. ③

문항 명사수의 눈

이렇게 두 입장이 제시되는 경우에는 두 입장의 속성을 정리해 주는 것이 필요하다. 두 입장이 원론적으로 대비를 이룬다고 하더라도 모든 속성이 대비를 이루는 것은 아니라, 차이점만큼이나 공통점 또한 있을 수 있다는 점을 유념하도록 하자.

정답분석

③ ㄱ. 1문단에서 이론 B는 선호가 주어진 것이며, 개인의 심리에 의해 설명해야 할 대상이 아니라고 본다고 하였다. 또한 3문단에서 이론 A가 선호의 형성을 설명하려 한다고 해서 개인의 심리를 분석하려는 것은 아님이 제시되고 있으므로 둘 모두의 공통점이라고 판단할 수 있다.

ㄴ. 2문단에서 이론 A는 행위자의 선호가 주어진 것이 아니라, 선호의 형성을 맥락적 요소를 통해 설명해야 한다고 하였다. 반면에, 1문단에서 이론 B는 선호가 주어진 것이며, 설명해야 할 대상이 아니라고 본다고 했으므로 둘의 차이점으로 적절하다고 판단할 수 있다.

오답 분석

ㄷ. 1문단에서 이론 B에서 상정된 개인은 자기 자신의 이익을 최대화하는 전략을 선택하는 존재인 합리적 존재라는 사실이 제시되고 있으므로 적절하다고 볼 수 없다.

국어 치열하게 독하게

3. ④

정답 분석

④ 지문에 따르면 수리물리학, 광학, 천문학은 불연속성의 정도가 상대적으로 컸지만 유전학, 지질학 등은 대중 영역과 일정 정도의 연속성을 가지고 있었다. 이를 바탕으로 과학자와 대중의 불연속성은 학문에 따라 다른 정도로 나타난다는 것을 알 수 있다.

오답 분석

① 1문단에 제시된 과학사가들, 과학사회학자들, 구성주의자들의 견해는 모두 과학과 비과학 간 경계의 존재가 전제되어 있다. 이들의 견해를 바탕으로 '과학과 비과학의 경계는 존재하지 않는다.'라는 진술을 도출해 낼 수는 없다.

② 부르디외의 표현에 따르면 과학자들은 대중이 결여한 '문화 자본'을 소유하고 있으나, 과학자들이 이를 언제 처음으로 획득했는지는 지문 내용만을 바탕으로는 알 수 없다.

③ 2문단에 따르면 과학자와 대중을 가르는 가장 중요한 기준은 '문화적 능력'이고, 이는 '인지 능력' 혹은 '조작 기술'이다. 3문단의 갈릴레오에 대한 진술을 바탕으로 할 때, 수학 언어는 과학의 특정한 분야에서 '문화적 능력'이라고 볼 수 있으나 이것이 과학과 비과학을 가르는 '보편적 기준'이라고 할 수는 없다.(3문단 후반부에 제시된 접속어 '반면'에 주목했다면, '유전학, 지질학'에서 수학 언어가 과학과 비과학을 가르는 보편적 기준이 된다고 이야기할 수는 없음을 알 수 있었을 것이다.)

4. ③

정답 분석

③ 첫 번째 진술과 세 번째 진술을 바탕으로 선언지 제거를 적용한다.
"나는 오늘 축구를 했거나 넷플릭스를 보았다.(A ∨ B)"
"나는 오늘 넷플릭스를 보지 않았다.(-B)"
→ 두 진술을 통해 선언지 제거를 사용하면, 나는 축구를 했다는 결론(A)을 얻을 수 있다.
이제 두 번째 진술과 첫 번째 과정의 결과를 바탕으로 전건 긍정을 적용한다.
"만약 내가 축구를 하면, 근육량이 증가한다.(A→ B)"
"나는 축구를 했다.(A)"
→ 이 두 진술을 통해 전건 긍정을 사용하면, 근육량이 증가하였다는 결론을 얻을 수 있다.

오답 분석

① 오늘 축구를 하고 넷플릭스를 보았다.
→ 나는 넷플릭스를 보지 않았으므로 적절하지 않다.
② 축구를 했지만 근육량이 증가하지 않았다.
→ 축구를 하면 반드시 근육량이 증가해야 하므로 적절하지 않다.
④ 근육량이 증가하면 축구를 한 것이다.
→ 축구를 하면 근육량이 증가하지만, 그 역이 항상 성립하는 것은 아니므로 반드시 참이 될 수 없다.

5. ①

정답 분석

① '군데'는 자립 명사로 쓰이지 않고 의존 명사로만 쓰이는 단어이므로, ㉠에 해당하지 않는다.

오답 분석

② '그릇'은 '음식이나 물건 따위를 담는 기구를 통틀어 이르는 말'이란 뜻으로 자립 명사로 쓰이나, 수량을 나타내는 말 뒤에 쓰여 자립 명사임에도 의존 명사와 같은 쓰임새로 쓰인다. 따라서 ㉠에 해당한다.
③ '덩어리'는 '크게 뭉쳐서 이루어진 것.'라는 뜻으로 자립 명사로 쓰이지만, '수박 한 덩어리'와 같이 수량을 나타내는 말 뒤에서 자립 명사임에도 의존 명사와 같은 쓰임새로 쓰인다. 따라서 ㉠에 해당한다.
④ '숟가락'은 '밥이나 국물 따위를 떠먹는 기구.'라는 뜻으로 자립 명사로 쓰이지만, '두어 숟가락'과 같이 수량을 나타내는 말 뒤에서 자립 명사임에도 의존 명사와 같은 쓰임새로 쓰인다. 따라서 ㉠에 해당한다.
⑤ '발자국'은 '발로 밟은 자리에 남은 모양.'라는 뜻으로 자립 명사로 쓰이지만, '한 발자국'과 같이 수량을 나타내는 말 뒤에서 자립 명사임에도 의존 명사와 같은 쓰임새로 쓰인다. 따라서 ㉠에 해당한다.

[1] 다음 글을 읽고 물음에 답하시오.

한국어 계통 연구 분야에서 널리 알려진 학설인 한국어의 알타이어족설은 한국어가 알타이 어군인 튀르크어, 몽고어, 만주·퉁구스어와 함께 알타이어족에 속한다는 것이다. 이 학설은 알타이 어군과 한국어 간에는 모음조화, 어두 자음군의 제약, 관계 대명사와 접속사의 부재 등에서 공통점이 있다는 비교언어학 분석에 근거하고 있다. 하지만 기초 어휘와 음운 대응의 규칙성에서는 세 어군과 한국어 간에 차이가 있어 이 학설의 비교언어학적 근거는 한계를 가지고 있다. 이 때문에, 한국어의 알타이어족설은 알타이 어군과 한국어 사이의 친족 관계 및 공통 조상어로부터의 분화 과정을 설명하기 어렵다.

최근 한국어 계통 연구는 비교언어학 분석과 더불어, 한민족 형성 과정에 대한 유전학적 연구, 한반도에 공존했던 여러 유형의 건국 신화와 관련된 인류학적 연구를 이용하고 있다. 가령, 우리 민족의 유전 형질에는 북방계와 남방계의 특성이 모두 존재한다는 점과 북방계의 천손 신화와 남방계의 난생 신화가 한반도에서 모두 발견된다는 점은 한국어가 북방적 요소와 남방적 요소를 함께 지니고 있음을 시사해준다. 이런 연구들은 한국어 자료가 근본적으로 부족한 상황에서 비롯된 문제점을 극복하여 한국어의 조상어를 밝히는 데 일정한 실마리를 던져준다.

하지만 선사 시대의 한국어와 친족 관계를 맺고 있는 모든 어군들을 알 수는 없으며, 있다고 하더라도 그들과 한국어의 공통 조상어를 밝히기란 쉽지 않다. 지금까지의 연구에 따르면, 고대에는 고구려어, 백제어, 신라어로 나뉘어 있었다. 하지만 이들 세 언어가 서로 다른 언어인지, 아니면 방언적 차이만을 지닌 하나의 언어인지에 대해서는 이견이 있다. 고구려어가 원시 부여어에 소급되는 것과 달리 백제어와 신라어는 모두 원시 한어(韓語)로부터 왔다는 것은 이들 언어의 차이가 방언적 차이 이상이었음을 보여 준다. 이들 세 언어가 고려의 건국으로 하나의 한국어인 중세 국어로 수렴되었다는 것에 대해서는 남한과 북한의 학계가 대립된 입장을 보이지 않지만, 중세 국어가 신라어와 고구려어 중 어떤 언어로부터 분화된 것인지와 관련해서는 두 학계의 입장은 대립된다. 한편, 중세 국어가 조선 시대를 거쳐 근대 한국어로 변모하여 오늘날 우리가 사용하는 현대 한국어가 되는 과정에 대해서는 두 학계의 견해가 일치한다.

1. 윗글의 내용과 부합하는 것으로 적절하지 않은 것은?

① 비교언어학적 근거의 한계로 인해 한국어의 알타이어족설은 알타이 어군과 한국어 간의 친족 관계를 설명하기 어렵다.
② 한반도의 천손 신화에 대한 인류학적 연구는 한국어에 북방적 요소가 있음을 시사한다.
③ 최근 한국어 계통 연구는 부족한 한국어 자료를 보완하기 위해 한민족의 유전 형질에 대한 정보와 한반도에 공존한 건국 신화들을 이용한다.
④ 최근 한국어 계통 연구에서 백제어와 고구려어는 방언적 차이로 인해 서로 다른 계통으로 분류된다.

[2] 다음 글을 읽고 물음에 답하시오.

우리는 음악을 일반적으로 감정의 예술로 이해한다. 아름다운 선율과 화음은 듣는 사람들의 마음속으로 파고든다. 그래서인지 음악을 수(數) 또는 수학(數學)과 연결시키기 어렵다고 생각하는 경우가 많다. 하지만 음악 작품은 다양한 화성과 리듬으로 구성되고, 이들은 3도 음정, 1도 화음, 3/4 박자, 8분 음표처럼 수와 관련되어 나타난다. 음악을 구성하는 원리로 수학의 원칙과 질서 등이 활용되는 것이다.

고대에도 음악과 수, 음악과 수학의 관계는 음악을 설명하는 중요한 사고의 틀로 작동했다. 중세 시대의 『아이소 리듬 모테트』와 르네상스 시대 오케겜의 『36성부 카논』은 서양 전통 음악 장르에서 사용되는 작곡 기법도 수의 비율 관계로 설명할 수 있다는 것을 보여준다. 음정과 음계는 수학적 질서를 통해 음악의 예술적 특성과 음악의 미적 가치를 효과적으로 전달했다. 20세기에 들어와 음악과 수, 음악과 수학의 관계는 더욱 밀접해졌다. 피보나치 수열을 작품의 중심 모티브로 연결한 바르톡, 건축가 르 코르뷔지에와의 공동 작업으로 건축적 비례를 음악에 연결시킨 제나키스의 현대 음악 작품들은 좋은 사례이다. 12음 기법과 총렬음악, 분석 이론의 일종인 집합론을 활용한 현대 음악 이론에서도 음악과 수, 음악과 수학의 밀접한 관계는 잘 드러난다.

2. 윗글의 내용과 부합하는 것은?

① 수학을 통해 음악을 설명하려는 경향은 현대에 생겨났다.
② 음악의 미적 가치는 수학적 질서를 통해 드러날 수 있다.
③ 건축학 이론은 현대 음악의 특성을 건축설계에 반영한다.
④ 음악은 감정의 예술이 아니라 감각의 예술로 이해해야 한다.

DAY 02

Week 1

[3] 다음 글을 읽고 물음에 답하시오.

축산업은 지난 50여 년 동안 완전히 바뀌었다. 예를 들어, 1967년 미국에는 약 100만 곳의 돼지 농장이 있었지만, 2005년에 들어서면서 전체 돼지 농장의 수는 10만을 조금 넘게 되었다. 이러는 가운데 전체 돼지 사육 두수는 크게 증가하여 [㉠] 밀집된 형태에서 대규모로 돼지를 사육하는 농장이 출현하기 시작하였다. 이러한 농장은 경제적 효율성을 지녔지만, 사육 가축들의 병원균 전염 가능성을 높인다. 이러한 농장에서 가축들이 사육되면, 소규모 가축 사육 농장에 비해 벌레, 쥐, 박쥐 등과의 접촉으로 병원균들의 침입 가능성은 높아진다. 또한 이러한 농장의 가축 밀집 상태는 가축 간 접촉을 늘려 병원균의 전이 가능성을 높임으로써 전염병을 쉽게 확산시킨다.

축산업과 관련된 가축의 가공 과정과 소비 형태 역시 변화하였다. 과거에는 적은 수의 가축을 도축하여 고기 그 자체를 그대로 소비할 수밖에 없었다. 그러나 현대에는 소수의 대규모 육류가공기업이 많은 지역으로부터 수집한 수많은 가축의 고기를 재료로 햄이나 소시지 등의 육류가공제품을 대량으로 생산하여 소비자에 공급한다. 이렇게 되면 오늘날의 개별 소비자들은 적은 양의 육류가공제품을 소비하더라도, 엄청나게 많은 수의 가축과 접촉한 결과를 낳는다. 이는 소비자들이 감염된 가축의 병원균에 노출될 가능성을 높인다.

정리하자면 [㉡] 결과를 야기하기 때문에, 오늘날의 변화된 축산업은 소비자들이 가축을 통해 전염병에 노출될 가능성을 높인다.

3. 윗글의 ㉠과 ㉡에 들어갈 말을 나열한 것으로 가장 적절한 것은?

① ㉠ : 농장당 돼지 사육 두수는 줄고 사육 면적당 돼지의 수도 줄어든
   ㉡ : 가축 사육량과 육류가공제품 소비량이 증가하는

② ㉠ : 농장당 돼지 사육 두수는 줄고 사육 면적당 돼지의 수도 줄어든
   ㉡ : 가축 간 접촉이 늘고 소비자도 많은 수의 가축과 접촉한

③ ㉠ : 농장당 돼지 사육 두수는 늘고 사육 면적당 돼지의 수도 늘어난
   ㉡ : 가축 사육량과 육류가공제품 소비량이 증가하는

④ ㉠ : 농장당 돼지 사육 두수는 늘고 사육 면적당 돼지의 수도 늘어난
   ㉡ : 가축 간 접촉이 늘고 소비자도 많은 수의 가축과 접촉한

4. 다음 진술이 모두 참일 때 '나'에 대하여 반드시 참인 것은?

- 집이 산만해지지 않았다면 나는 요리를 하지 않은 것이다.
- 나는 오늘 요리를 하거나 산책을 한다.
- 나는 오늘 산책을 하지 않았다.

① 집이 산만하면 나는 요리를 한 것이다.
② 나는 오늘 요리를 하면 산책을 한다.
③ 집이 산만해졌다.
④ 나는 오늘 산책도 요리도 하지 않았다.

5. <보기>의 ㉠~㉤에 대한 설명으로 적절하지 않은 것은?

<보기>

선생님 : 안녕? 어, 손에 들고 있는 그거 뭐니?
학 생 : 네, 중생대 공룡에 관한 책이에요. 할아버지께서는 제 생일마다 책들을 사 주셨는데, ㉠이것도 ㉡그것 중 하나에요. 해마다 할아버지께서는 ㉢당신 손으로 직접 골라 주신답니다.
선생님 : 그렇구나. ㉣우리 집 아이들도 공룡 책을 참 좋아하지. 우리 아이들은 ㉤저희들끼리 책을 고르려고 아옹다옹한단다.

① ㉠은 대화 상황에서 눈에 보이는 대상, 곧 학생이 들고 있는 책을 가리킨다.
② ㉡은 앞서 언급한 대상, 곧 할아버지께서 사 주신 책들을 가리킨다.
③ ㉢은 3인칭으로 사용되고 있다.
④ ㉣은 청자를 포함하지 않는다.
⑤ ㉤은 1인칭으로 사용되고 있다.

DAY 02 정답 및 해설 Week 1

DAY 02

| 1 ④ | 2 ② | 3 ④ | 4 ③ | 5 ⑤ |

1. ④

> **문항 명사수의 눈**
> 인지적 미해결-해결 구조를 적극적으로 활용했다면 선지 판단이 용이했을 것이다. 1번 선지, 4번 선지는 인지적 미해결로 설정할 수 있는 내용과 연결되며, 2번, 3번 선지는 해결과 연결된다고 볼 수 있을 것이다. 선지를 먼저 훑는 방식으로 접근했다면 '~으로 인해', '~을 보완하기 위해'라는 표현에서 '원인', 미해결을 잡아내며 읽어주어야 하겠다는 판단을 해볼 수 있었을 것이다.

정답 분석

④ 3문단에 따르면 백제어와 고구려어는 방언적 차이만을 지닌 하나의 언어인지 서로 다른 언어인지에 대한 이견이 존재하므로 방언적 차이로 인해 서로 다른 계통으로 분류된다고 판단할 수 없다.

오답 분석

① 1문단에 따르면 알타이어족설의 비교언어학적 근거는 한계를 가지고 있기 때문에, "한국어의 알타이어족설은 알타이 어군과 한국어 사이의 친족 관계 및 공통 조상어로부터의 분화 과정을 설명하기 어렵다"고 제시되고 있으므로 적절하다고 판단할 수 있다.

② 2문단에서 천손 신화는 북방계의 것으로, 북방계의 천손 신화와 남방계의 난생 신화가 모두 존재하는 것이 한국어가 북방적 요소와 남방적 요소를 함께 지님을 보여 준다고 제시되고 있으므로 적절하다고 판단할 수 있다.

③ 2문단에서 최근 한국어 계통 연구는 유전학적 연구와 건국 신화와 관련된 인류학적 연구를 이용하고 있다면서 이런 연구들이 한국어 자료가 근본적으로 부족한 상황에서 비롯된 문제점을 극복하여 한국어의 조상어를 밝히는 데 일정한 실마리를 던져 준다고 제시되고 있으므로 적절하다고 판단할 수 있다.

2. ②

정답 분석

② 2문단에서 '음정과 음계는 수학적 질서를 통해 음악의 예술적 특성과 음악의 미적 가치를 효과적으로 전달했다.'라고 진술하고 있으므로 적절하다.

오답 분석

① 2문단에 따르면, 고대에도 음악과 수, 음악과 수학의 관계는 음악을 설명하는 중요한 사고의 틀로 작동했다.

③ 2문단에서 건축적 비례를 음악에 연결시킨 제나키스의 현대 음악 작품들이 언급되나, 현대 음악의 특성을 건축설계에 반영한 건축학 이론에 대해서는 지문을 통해 알 수 없다.

④ 음악을 감정의 예술로 이해해야 한다거나 감각의 예술로 이해해야 한다는 당위를 언급하지 않았다. 다만 우리는 음악을 일반적으로 감정의 예술로 이해한다고 진술했을 뿐이다.

국어 치열하게 독하게

3. ④

문항 명사수의 눈

빈칸 문제는 언제나 앞과 뒤를 확인해야 함을 잊지 말자. 구체적으로 어느 정도를 읽어야 할지 모르겠다면 2~3문장가량을 읽어 준다고 생각하면 된다. 빈칸은 앞의 내용과 이어지며, 뒷 문장의 내용으로 이어질 수 있는 내용이어야 한다. 이 경우 사육 두수는 증가해야 하며, 빈칸의 결과 돼지 사육 형태가 '밀집된 형태'가 되어야 할 것이다. 또한 마지막 문단에 제시된 '정리하자면'은 글의 전체 내용을 정리하며 글을 마무리 짓는 것이다. 바로 앞 문단 뿐만이 아니라 글 전체의 내용을 고려할 수 있도록 하자.

정답 분석

④ ㉠ 지문 빈칸 앞 문장에서 전체 돼지 사육 두수는 크게 증가하였다고 제시되고 있으므로 1번, 2번 선지의 ㉠이 적절하지 않음을 판단할 수 있다. 농장의 수가 줄어들었고, ㉠에 따라 사육 형태는 더욱 '밀집된 형태'가 되었으므로 사육 두수가 늘고 면적당 돼지 수가 증가했다는 3번, 4번 선지의 ㉠만이 적절하다고 판단할 수 있다.

㉡ 1번, 3번 선지의 ㉡은 가축 사육량과 육류가공제품 소비량 증가가 전염병 노출 가능성이 높아지는 까닭이 된다는 것이다. 2문단에서 '적은 양의 육류가공제품을 소비하더라도'라며 육류가공제품 소비량이 아니라 '엄청나게 많은 수의 가축과 접촉한 결과를 낳는다.'라는 것이 '감염된 가축의 병원균에 노출된 가능성을 높인다.'라고 제시되고 있으므로 가축과 접촉량을 다루는 2번, 4번 선지의 ㉡이 적절하다고 판단할 수 있다. '정리하자면'이 지문 전체 내용을 반영해야 한다는 점을 이용한다면 1문단의 '가축 간 접촉을 늘려'라는 정보가 반영된 것을 잣대로 2번, 4번 선지가 적절하다고 범위를 좁힐 수 있다.

4. ③

정답 분석

③ 두 번째 진술 "나는 오늘 요리를 하거나 산책을 한다.(A ∨ C)"와 세 번째 진술 "나는 오늘 산책을 하지 않았다.(-C)"를 결합하면,
→ "나는 요리를 했다.(A)"라는 결론을 얻을 수 있다.(선언지 제거)
이제 첫 번째 진술과 첫 번째 과정의 결과를 바탕으로 추론한다.
첫 번째 진술 "집이 산만해지지 않았다면, 나는 요리를 하지 않은 것이다.(-B → -A)"는 대우로 바꿀 수 있다.
→ "내가 요리를 했다면, 집이 산만해진 것이다.(A → B)"
따라서, 첫 번째 과정의 결론 "나는 요리를 했다.(A)"와 "내가 요리를 했다면, 집이 산만해진 것이다.(A → B)"를 통해, "집이 산만해졌다."라는 결론이 도출된다.(전건 긍정 규칙)

오답 분석

① 첫 번째 진술 "집이 산만해지지 않았다면, 나는 요리를 하지 않은 것이다."의 반대(이)에 해당하지만, 문제에서 요구하는 "반드시 참인 진술"로는 직접적으로 도출되지 않는다.

② 주어진 진술에서 "요리를 하면 산책을 한다."라는 논리적 근거는 없다. 오히려 두 번째 진술과 세 번째 진술에 의해 "나는 요리를 했고 산책은 하지 않았다."라는 결론이 나온다. 따라서 틀렸다.

④ 두 번째 진술 "나는 오늘 요리를 하거나 산책을 한다."와 모순되므로 틀렸다. 선언지는 두 명제 중 하나는 참이어야 한다.

5. ⑤

정답 분석

⑤ ㉤의 '저희들'은 앞에 나온 선행 체언 '우리 아이들'을 도로 받는 재귀 대명사로 3인칭이므로, 1인칭이라는 설명은 적절하지 않다.

오답 분석

① ㉠은 대화 상황에서 눈에 보이는 대상, 곧 학생이 들고 있는 책으로 볼 수 있다.

② ㉡은 앞에서 언급한 할아버지께서 생일마다 사주시는 책들을 가리킨다고 볼 수 있다.

③ ㉢은 앞서 나온 '할아버지'를 도로 가리키는 3인칭 재귀 대명사이다.

④ ㉣은 화자인 선생님이나 선생님의 가족을 가리키는 것으로 청자를 포함하지 않은 1인칭 대명사이다.

[1] 다음 글을 읽고 물음에 답하시오.

> 정상적인 애기장대의 꽃은 바깥쪽에서부터 안쪽으로 꽃받침, 꽃잎, 수술 그리고 암술을 가지는 구조로 되어 있다. 이 꽃의 발생에 미치는 유전자의 영향에 대한 연구를 통해 유전자 A는 단독으로 꽃받침의 발생에 영향을 주고, 유전자 A와 B는 함께 작용하여 꽃잎의 발생에 영향을 준다는 것을 알아냈다. 그리고 유전자 B와 C는 함께 작용하여 수술의 발생에 영향을 미치며, 유전자 C는 단독으로 암술의 발생에 영향을 미치는 것을 알아냈다. 또한, 돌연변이로 유전자 A가 결여된다면 유전자 A가 정상적으로 발현하게 될 꽃의 위치에 유전자 C가 발현하고, 유전자 C가 결여된다면 유전자 C가 정상적으로 발현하게 될 꽃의 위치에 유전자 A가 발현한다는 것을 알아냈다.
>
>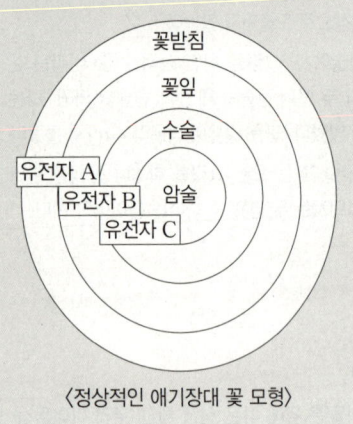
>
> 〈정상적인 애기장대 꽃 모형〉

1. 윗글로부터 옳게 추론한 것을 〈보기〉에서 모두 고르면?

> 보기
>
> ㄱ. 유전자 A가 결여된 돌연변이 애기장대는 가장 바깥쪽으로부터 암술, 수술, 수술 그리고 암술의 구조를 가질 것이다.
> ㄴ. 유전자 B가 결여된 돌연변이 애기장대는 가장 바깥쪽으로부터 꽃받침, 암술, 암술 그리고 꽃받침의 구조를 가질 것이다.
> ㄷ. 유전자 C가 결여된 돌연변이 애기장대는 가장 바깥쪽으로부터 꽃받침, 꽃잎, 꽃잎 그리고 꽃받침의 구조를 가질 것이다.
> ㄹ. 유전자 A와 B가 결여된 돌연변이 애기장대는 수술과 암술만 존재하는 구조를 가질 것이다.

① ㄱ, ㄴ ② ㄱ, ㄷ
③ ㄴ, ㄷ ④ ㄴ, ㄹ

[2] 다음 글을 읽고 물음에 답하시오.

WTO 설립협정은 GATT 체제에서 관행으로 유지되었던 의사결정 방식인 총의 제도를 명문화하였다. 동 협정은 의사결정 회의에 참석한 회원국 중 어느 회원국도 공식적으로 반대하지 않는 한, 검토를 위해 제출된 사항은 총의에 의해 결정되었다고 규정하고 있다. 또한 이에 따르면 회원국이 의사결정 회의에 불참하더라도 그 불참은 반대가 아닌 찬성으로 간주된다.

총의 제도는 회원국 간 정치·경제적 영향력의 차이를 보완하기 위하여 도입되었다. 그러나 회원국 수가 확대되고 이해관계가 첨예화되면서 현실적으로 총의가 이루어지기 쉽지 않았다. 이로 인해 WTO 체제 내에서 모든 회원국이 참여하는 새로운 무역협정이 체결되는 것이 어려웠고 결과적으로 무역자유화 촉진 및 확산이 저해되고 있다. 이러한 문제의 해결 방안으로 '부속서 4 복수국간 무역협정 방식'과 '임계질량 복수국간 무역협정 방식'이 모색되었다.

'부속서 4 복수국간 무역협정 방식'은 WTO 체제 밖에서 복수국간 무역협정을 체결하고 이를 WTO 설립협정 부속서 4에 포함하여 WTO 체제로 편입하는 방식이다. 복수국간 무역협정이 부속서 4에 포함되기 위해서는 모든 WTO 회원국 대표로 구성되는 각료회의의 승인이 있어야 한다. 현재 부속서 4에의 포함 여부가 논의 중인 전자상거래협정은 협정 당사국에게만 전자상거래시장을 개방하고 기술이전을 허용한다. '부속서 4 복수국간 무역협정 방식'은 협정상 혜택을 비당사국에 허용하지 않음으로써 해당 무역협정의 혜택을 누리고자 하는 회원국들의 협정 참여를 촉진하여 결과적으로 자유무역을 확산하는 기능을 한다.

'임계질량 복수국간 무역협정 방식'은 WTO 체제 밖에서 일부 회원국 간 무역협정을 채택하되 해당 협정의 혜택을 보편적으로 적용하여 무역자유화를 촉진하는 방식이다. 즉, 채택된 협정의 혜택은 최혜국대우원칙에 따라 협정 당사국뿐 아니라 모든 WTO 회원국에 적용되는 반면, 협정의 의무는 협정 당사국에만 부여된다. 다만, 해당 협정이 발효되기 위해서는 협정 당사국들의 협정 적용대상 품목의 무역량이 해당 품목의 전세계 무역량의 90% 이상을 차지하여야 한다. '임계질량 복수국간 무역협정 방식'의 대표적인 사례는 정보통신기술(ICT)제품의 국제무역 활성화를 위해 1996년 채택되어 1997년 발효된 정보기술협정이다.

2. 윗글에서 알 수 있는 것으로 적절하지 않은 것은?

① '임계질량 복수국간 무역협정 방식'에 따라 채택된 협정의 혜택을 받는 국가는 해당 협정의 의무를 부담하는 국가보다 적을 수 없다.
② WTO의 의사결정 회의에 제안된 특정 안건을 지지하는 경우, 총의 제도에 따르면 그 회의에 불참하더라도 해당 안건에 대한 찬성의 뜻을 유지할 수 있다.
③ WTO 회원국은 전자상거래협정에 가입하지 않는다면 동 협정의 법적 지위에 영향을 미칠 수 없다.
④ WTO 각료회의가 총의 제도를 유지한다면 '부속서 4 복수국간 무역협정 방식'의 도입 목적은 충분히 달성하기 어렵다.

[3] 다음 글을 읽고 물음에 답하시오.

　많은 재화나 서비스는 경합성과 배제성을 지닌 '사유재'이다. 여기서 경합성이란 한 사람이 어떤 재화나 서비스를 소비하면 다른 사람의 소비를 제한하는 특성을 의미하며, 배제성이란 공급자에게 대가를 지불하지 않으면 그 재화를 소비하지 못하는 특성을 의미한다. 반면 '공공재'란 사유재와는 반대로 비경합적이면서도 비배제적인 특성을 가진 재화나 서비스를 말한다.

　그러나 우리 주위에서는 이렇듯 순수한 사유재나 공공재와는 또 다른 특성을 지닌 재화나 서비스도 많이 찾아볼 수 있다. 예를 들어 영화 관람이라는 소비 행위는 비경합적이지만 배제가 가능하다. 왜냐하면 영화는 사람들과 동시에 즐길 수 있으나 대가를 지불하지 않고서는 영화관에 입장할 수 없기 때문이다. 마찬가지로 케이블 TV를 즐기기 위해서는 시청료를 지불해야 한다.

　비배제적이지만 경합적인 재화들도 찾아낼 수 있다. 예를 들어 출퇴근 시간대의 무료 도로를 생각해보자. 자가용으로 집을 출발해서 직장에 도달하는 동안 도로에 진입하는 데에 요금을 지불하지 않으므로 도로의 소비는 비배제적이다. 하지만 출퇴근 시간대의 체증이 심한 도로는 내가 그 도로에 존재함으로 인해서 다른 사람의 소비를 제한하게 된다. 따라서 출퇴근 시간대의 도로 사용은 경합적인 성격을 갖는다.

　이상의 내용을 아래의 표에 분류해 보면 다음과 같다.

경합성 \ 배제성	배제적	비배제적
경합적	a	b
비경합적	c	d

3. 윗글로부터 추론한 내용으로 가장 적절한 것은?

① 체증이 심한 유료 도로 이용은 a에 해당한다.
② 케이블 TV 시청은 b에 해당한다.
③ 사먹는 아이스크림과 같은 사유재는 b에 해당한다.
④ 국방 서비스와 같은 공공재는 c에 해당한다.

4. 다음 진술이 모두 참일 때 '나'에 대하여 반드시 참인 것을 모두 고른 것은?

- 나는 오늘 헬스장을 가거나 집에서 드라마를 본다.
- 만약 내가 헬스장을 가면, 근육이 생기고 뱃살이 줄어든다.
- 나는 오늘 집에서 드라마를 보지 않았다.

ㄱ. 근육이 생긴다.
ㄴ. 근육이 생기거나 뱃살이 줄어든다.
ㄷ. 뱃살이 줄어든다.

① ㄱ
② ㄱ, ㄴ
③ ㄴ, ㄷ
④ ㄱ, ㄴ, ㄷ

5. 〈보기 1〉을 참조하여 〈보기 2〉의 ㉠~㉤을 판단한 것으로 적절하지 않은 것은?

보기 1

인칭대명사는 지시 대상이 화자인지, 청자인지, 화자와 청자 이외의 제삼자인지에 따라 각각 일인칭, 이인칭, 삼인칭 대명사로 나뉜다. 이 중에 삼인칭 대명사는 미지칭(未知稱) 대명사, 부정칭(不定稱) 대명사, 재귀대명사가 포함된다. 미지칭 대명사는 가리킴을 받는 사람의 이름이나 신분을 모를 때, 부정칭 대명사는 정해지지 아니한 사람을 지칭할 때, 재귀대명사는 앞에 나온 삼인칭 주어를 지칭할 때 쓰인다.

보기 2

초인종이 울린다. "계세요?" 외치는 소리가 들린다.

아 들 : ㉠누가 왔는지 ㉡제가 나가 볼게요. (현관으로 나가며) ㉢누구세요? (문을 열어 상대방을 확인한다.)
우체부 : 택배 왔습니다.
아 들 : (물건을 건네받아 확인하고) 할머니께서 ㉣당신이 손수 말리신 곶감을 보내셨네요. 아버지, 곶감 좀 맛보실래요?
아버지 : ㉤네가 먼저 먹으렴. 난 이따가 먹을란다.

① ㉠ : 부정칭 대명사 ② ㉡ : 일인칭 대명사
③ ㉢ : 미지칭 대명사 ④ ㉣ : 재귀대명사
⑤ ㉤ : 이인칭 대명사

DAY 03 정답 및 해설

Week 1

DAY 03

| 1 ② | 2 ③ | 3 ① | 4 ④ | 5 ① |

1. ②

정답 분석

② ㄱ. 유전자 A가 결여될 경우, 유전자 A가 정상적으로 발현하게 될 꽃의 위치에 유전자 C가 발현한다. 따라서, 바깥쪽부터 순서대로 암술, 수술, 수술, 암술의 구조가 된다.

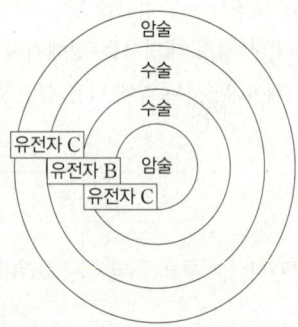

ㄷ. 유전자 C가 결여될 경우, 유전자 C가 정상적으로 발현하게 될 꽃의 위치에 유전자 A가 발현한다. 따라서, 바깥쪽부터 순서대로 꽃받침, 꽃잎, 꽃잎, 꽃받침의 구조가 된다. (만약 이 판단에 긴 시간이 소요되었다면, 지문에 수록된 '그림'에, ㄱ 판정 시 A 대신 C, ㄷ 판정 시 C 대신 A를 써 놓고 다시 한번 판단해 보도록 하자. 실전에서 지문, 혹은 문항에 제시되는 〈그림〉은 글을 효과적으로 읽는데 큰 도움이 되기도 하지만, 선지를 판단하는 과정에서도 유용하게 활용할 수 있음을 명심하자.)

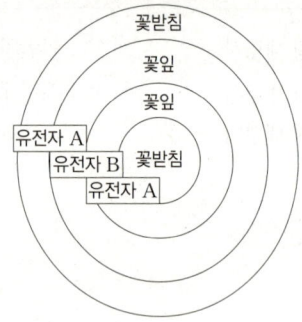

오답 분석

ㄴ. 유전자 B가 결여될 경우, 바깥 두 층은 유전자 A, 안쪽 두 층은 유전자 C의 영향을 받게 된다. 따라서 이 경우 꽃의 구조는 바깥쪽부터 순서대로 꽃받침, 꽃받침, 암술, 암술이 된다.

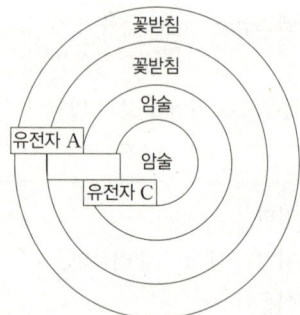

ㄹ. 유전자 A와 B가 결여될 경우, 모든 층이 유전자 C의 영향을 받게 된다. 따라서 이 경우 꽃은 암술만 존재하는 구조를 가지게 된다.

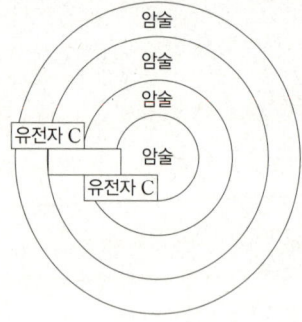

국어 치열하게 독하게   공무원 **데일리** 유대종

2. ③

> **문항** 명사수의 눈
>
> 1문단을 읽으며 바로 '총의 제도'가 무엇인지, 그 속성은 어떠한지가 제시되고 있는 점을 통해 이는 지문의 전개상 최종적인 답이 아니며, 문제 상황 내지는 여러 방식 중 하나임을 짐작할 수 있었을 것이다. 2문단을 통해 '부속서 4 복수국간 무역협정 방식'과 '임계질량 복수국간 무역 협정 방식'이라는 두 해결법이 제시되고 있는 점을 들어 이들의 속성을 정리하며 비교할 수 있었다면 지문을 잘 읽은 것이다.

정답 분석

③ 3문단에 따르면 전자상거래협정은 부속서 4 복수국간 무역협정 방식의 한 예시로 해당 협정의 부속서 4 포함 여부가 논의 중이다. 이 논의는 협정 당사국만이 아니라, 모든 WTO 회원국 대표로 구성되는 각료회의에 의해 이루어지므로 적절하지 않다고 판단할 수 있다.

오답 분석

① 4문단에 따르면 임계질량 복수국간 무역협정 방식에서 혜택은 협정 당사국뿐 아니라 모든 WTO 회원국에 적용되고, 의무는 협정국에만 부여되므로 적절하다고 판단할 수 있다.

② 1문단에 따르면 회원국이 의사결정 회의에 불참하더라도 그 불참은 찬성으로 간주되므로 적절하다고 판단할 수 있다.

④ 3문단에 따르면 부속서 4 복수국간 무역협정 방식에서 특정 무역협정이 부속서 4에 포함되기 위해서는 각료회의의 승인을 거쳐야 한다. 각료회의가 총의 제도로 운영된다면 2문단에서 총의 제도로 인해 무역협정의 체결이 어렵다는 문제가 제시된 것과 같이 부속서 4에 무역협정을 편입하는 것 또한 어려워질 것이므로 적절하다고 판단할 수 있다.

3. ①

정답 분석

① 지문에 언급된 것처럼, '체증이 심한 도로'는 경합적이다. 만약 이 도로가 유료 도로라면, 공급자에게 대가를 지불하지 않으면 이용할 수 없는 배제성을 지니게 된다. 따라서 체증이 심한 유료 도로 이용은 a에 해당한다.

오답 분석

② 2문단에 따르면, 케이블 TV 시청은 비경합적이며 배제적이다. 따라서 c에 해당한다.

③ 1문단에 따르면, '사유재'는 경합성과 배제성을 지닌다. 이는 경합성과 배제성의 정의를 바탕으로도 생각해볼 수 있다. 따라서 사먹는 아이스크림과 같은 사유재는 a에 해당한다.

④ 1문단에 따르면, 국방 서비스와 같은 공공재는 비경합적이면서도 비배제적인 특성을 지닌다. 따라서 d에 해당한다.

4. ④

정답 분석

④ 첫 번째 진술과 세 번째 진술인, '나는 헬스장을 가거나 드라마를 본다.'와 '나는 드라마를 보지 않았다.'를 결합하면, '나는 헬스장을 갔다.'라는 결론을 얻을 수 있다.(선언지 제거) 그러므로, 근육이 생기고, 뱃살이 줄어든다.(전건 긍정 규칙), 그러므로 ㄱ, ㄷ은 참이다. 아울러, 근육이 생기고 뱃살이 줄어들기 때문에, '근육이 생기거나 뱃살이 줄어든다.'라는 명제는 참이다. 'A ∨ B(A or B)'는 A가 참이거나, B가 참이거나 A와 B가 모두 참이면 참인 것인데, A와 B가 모두 참인 케이스이므로, A or B 역시 참인 것이다. 단, A or B가 참이라고 하여 A and B가 참인 것은 아니다.

5. ①

정답 분석

① '누가 왔는지 제가 나가 볼게요.'에서 '누가'는 정해지지 아니한 사람을 지칭하는 부정칭 대명사가 아니라, "계세요?"라고 외치는 사람이 누구인지 몰라서 자신이 나가보겠다는 뜻으로 쓰인 것이므로 '미지칭 대명사'이다.

오답 분석

② '제가 나가 볼게요.'에서 '제'는 화자인 아들 자신을 가리키므로 1인칭 대명사이다.

③ '누구세요?'에서 '누구'는 ①번과 마찬가지로 현관문 밖에서 "계세요?"라고 외치는 사람이 누구인지 몰라서 물어본 것이므로 '미지칭 대명사'이다.

④ '할머니께서 당신이 손수 말리신 곶감을 보내셨네요.'에서 '당신'은 청자를 가리키는 2인칭 대명사가 아니라, 3인칭 주어인 '할머니'를 가리키는 '재귀대명사'이다.

⑤ '네가 먼저 먹으렴.'에서 '네'는 청자인 아들을 가리키므로 2인칭 대명사이다.

DAY 04

Week 1

[1] 다음 글을 읽고 물음에 답하시오.

　산소가 관여하는 신진대사에서 부산물로 만들어지는 활성산소는 노화나 질병을 일으킬 수 있다. 따라서 활성산소를 제거하는 항산화 물질을 섭취하는 것은 건강을 지키기 위해 중요하다.
　항산화 물질 중 하나인 폴리페놀은 맥주, 커피, 와인, 찻잎뿐만 아니라 여러 식물에 있다. 폴리페놀의 구성물질 중 약 절반은 항산화 복합물인 플라보노이드이며, 플라보노이드는 플라보놀과 플라바놀이라는 두 항산화 물질로 구성되어 있다.
　찻잎에는 플라바놀에 속하는 카데킨이 있으며, 이 카데킨이 활성산소를 제거하는 중요한 항산화 물질이다. 카데킨은 여러 항산화 물질로 되어있는데, 이중 에피갈로카데킨 갈레이트는 차가 우러날 때 쓰고 떫은맛을 내는 성분인 탄닌이다. 탄닌은 차뿐만 아니라 와인 맛의 특징을 결정짓는 중요한 요소이다.
　제조 과정에서 산화 과정이 일어나지 않아서 비산화 차로 분류되는 녹차는 카데킨을 많이 함유하고 있다. 하지만 산화차인 홍차는 제조하는 동안 일어나는 산화 과정에서 카데킨의 일부가 테아플라빈과 테아루비딘이라는 또 다른 항산화 물질로 전환되는데, 이 두 물질이 홍차를 홍차답게 만드는 맛과 색상을 내는 것에 주된 영향을 미친다. 테아플라빈은 홍차를 만들기 위한 산화가 시작되면서 첫 번째로 나타나는 물질이다. 테아플라빈은 차의 색깔을 오렌지색 계통의 금색으로 변화시키며 다소 투박하고 떫은맛을 내게 한다. 이후에 산화가 더 진행되면 테아루비딘이 나타나는데, 테아루비딘은 차가 좀 더 부드럽고 감미로운 맛을 내고 어두운 적색 계통의 갈색을 갖게 한다. 따라서 산화를 길게 하면 할수록 테아루비딘의 양이 많아지고 차는 더욱더 부드럽고 감미로워진다.
　중국 홍차가 인도나 스리랑카 홍차보다 대체로 부드러운 것은 산화 과정을 더 오래 하기 때문이다. 즉 홍차의 제조 방법과 조건이 차에 있는 테아플라빈과 테아루비딘의 상대적 비율을 결정하고 차의 색상과 맛의 스펙트럼에 영향을 미치는 중요한 요소가 되는 것이다.

1. 윗글에서 알 수 있는 것으로 적절한 것은?

① 테아루비딘의 양에 대한 테아플라빈의 양의 비율은 오렌지색 계통의 금색 홍차보다 어두운 적색 계통의 갈색 홍차에서 더 높다.
② 찻잎에 있는 플라보노이드는 활성산소가 생성되지 못하게 함으로써 항산화 작용을 한다.
③ 와인과 커피는 플라바놀이 들어있는 폴리페놀을 가지고 있다.
④ 에피갈로카데킨 갈레이트는 녹차보다 홍차에 더 많이 들어있다.

[2] 다음 글을 읽고 물음에 답하시오.

　원래 '문명'은 진보 사관을 지닌 18세기 프랑스 계몽주의자들이 착안한 개념으로, 무엇보다 야만성이나 미개성에 대비된 것이었다. 그러나 독일 낭만주의자들은 '문화'를 민족의 혼이나 정신적 특성으로 규정하면서, 문명을 물질적인 것에 국한시키고 비하했다. 또한 문화는 상류층의 고상한 취향이나 스타일 혹은 에티켓 등 지식인층의 교양을 뜻하기도 했다. 아놀드를 포함해서 빅토리아 시대의 지성인들은 대체로 이런 구분을 받아들였다. 그래서 문명이 외적이며 물질적인 것이라면, 문화는 내적이며 정신과 영혼의 차원에 속하는 것이었다. 따라서 문명이 곧 문화를 동반하는 것은 아니었다. 아놀드는 그 당시 산업혁명이 진행 중인 도시의 하층민과 그들의 저급한 삶을 비판적으로 바라보았다. 이를 치유하기 위해 그는 문화라는 해결책을 제시하였다. 그에 따르면 문화는 인간다운 능력의 배양에서 비롯되는 것이다.

　한편 19세기 인문주의자들은 문화라는 어휘를 광범위한 의미에서 동물과 대비하여 인간이 후천적으로 습득한 지식이나 삶의 양식을 총체적으로 지칭하는 데 사용하였다. 인류학의 토대를 마련한 타일러도 기본적으로 이를 계승하였다. 그는 문화를 "인간이 사회 집단의 구성원으로서 습득한 지식, 믿음, 기술, 도덕, 법, 관습 그리고 그 밖의 능력이나 습관으로 구성된 복합체"라고 정의하였다. 그는 독일 낭만주의자들의 문화와 문명에 대한 개념적 구분을 배격하고, 18세기 프랑스 계몽주의자들이 야만성이나 미개성과 대비하기 위해 착안한 문명이라는 개념을 받아들였다. 즉 문화와 문명이 별개의 것이 아니라, 문명은 단지 문화가 발전된 단계로 본 것이다. 이것은 아놀드가 가졌던 문화에 대한 규범적 시각에서 탈피하여 원시적이든 문명적이든 차별을 두지 않고 문화의 보편적 실체를 확립했다는 점에서 의의가 있다.

2. 윗글에서 추론할 수 있는 것은?

① 독일 낭만주의자들의 시각에 따르면 문명은 문화가 발전된 단계이다.
② 타일러의 시각에 따르면 원시적이고 야만적인 사회에서도 문화는 존재한다.
③ 프랑스 계몽주의자들의 시각에 따르면 문화와 문명은 본질적으로 다른 것이다.
④ 아놀드의 시각에 따르면 문화의 다양성은 집단이 발전해 온 단계가 다른 데서 비롯된다.

[3] 다음 글을 읽고 물음에 답하시오.

소설과 영화는 둘 다 '이야기'를 '전달'해 주는 예술 양식이다. 그래서 역사적으로 소설과 영화는 매우 가까운 관계였다. 초기 영화들은 소설에서 이야기의 소재를 많이 차용했으며, 원작 소설을 각색하여 영화의 시나리오로 만들었다.

하지만 소설과 영화는 인물, 배경, 사건과 같은 이야기 구성 요소들을 공유하고 있다 하더라도 이야기를 전달하는 방법에 뚜렷한 차이를 보인다. 예컨대 어떤 인물의 내면 의식을 드러낼 때 소설은 문자 언어를 통해 표현하지만, 영화는 인물의 대사나 화면 밖의 목소리를 통해 전달하거나 혹은 연기자의 표정이나 행위를 통해 암시적으로 표현한다. 또한 소설과 영화의 중개자는 각각 서술자와 카메라이기에 그로 인한 서술 방식의 차이도 크다. 가령 1인칭 시점의 원작 소설과 이를 각색한 영화를 비교해 보면, 소설의 서술자 '나'의 경우 영화에서는 화면에 인물로 등장해야 하므로 이들의 서술 방식은 달라진다.

이처럼 원작 소설과 각색 영화 사이에는 이야기가 전달되는 방식에서 큰 차이가 발생한다. 소설은 시공간의 얽매임을 받지 않고 풍부한 재현이나 표현의 수단을 가지고 있지만, 영화는 모든 것을 직접적인 감각성에 의존한 영상과 음향으로 표현해야 하기 때문에 재현이 어려운 심리적 갈등이나 내면 묘사, 내적 독백 등을 소설과 다른 방식으로 나타내야 하는 것이다. 요컨대 소설과 영화는 상호 유사한 성격을 지니고 있으면서도 각자 독자적인 예술 양식으로서의 특징을 지니고 있다.

3. 윗글에서 알 수 있는 것은?

① 영화는 소설과 달리 인물의 내면 의식을 직접적으로 표현하지 못한다.
② 소설과 영화는 매체가 다르므로 두 양식의 이야기 전달 방식도 다르다.
③ 매체의 표현 방식에도 진보가 있는데 영화가 소설보다 발달된 매체이다.
④ 소설과 달리 영화는 카메라의 촬영 기술과 효과에 따라 주제가 달라진다.

4. 다음 진술이 모두 참일 때 '나'에 대하여 반드시 참인 것은?

- 나는 오늘 운동을 하거나 빨래를 했다.
- 만약 내가 빨래를 하면, 기분이 좋아지거나 스트레스가 줄어든다.
- 나는 운동을 하지 않았다.
- 나는 스트레스가 줄어들지 않았다.

① 나는 기분이 좋아졌다.
② 운동을 하면 기분이 좋아진다.
③ 기분이 좋아지면 빨래를 한다.
④ 빨래를 하면 스트레스가 줄어든다.

5. 〈보기〉의 ㉠에 해당하는 예로 볼 수 있는 것은?

보기

대명사는 인칭에 따라 '나, 우리'와 같은 1인칭, '너, 자네, 그대'와 같은 2인칭, '이분, 그분, 이이, 그이'와 같은 3인칭으로 나뉜다. ㉠ 그런데 다음에서 볼 수 있듯이 동일한 형태가 1인칭, 2인칭, 3인칭 중에서 두 가지 인칭으로 쓰이기도 한다.

가. 당신은 누구십니까? (2인칭)
나. 할머니께서는 당신이 젊었을 때 미인이셨다. (3인칭)

① 가. 그 일은 <u>저희들</u>이 마저 하겠습니다.
　나. 애들이 어려서 <u>저희들</u>밖에 모른다.
② 가. 그렇게 말하는 <u>너는</u> 누구냐?
　나. <u>누구</u>도 그 일에 대해 말하지 않는다.
③ 가. <u>그는</u> 참으로 좋은 사람이다.
　나. <u>그와</u> 같은 사실에 깜짝 놀랐다.
④ 가. <u>너희를</u> 누가 불렀니?
　나. 나는 <u>너희</u> 학교가 마음에 든다.
⑤ 가. <u>우리</u> 먼저 갈게요.
　나. <u>우리</u> 팀이 그 대회에서 우승했다.

DAY 04 정답 및 해설

Week 1

DAY 04

| 1 ③ | 2 ② | 3 ② | 4 ① | 5 ① |

1. ③

정답 분석

③ 2문단에 따르면 와인과 커피에는 폴리페놀이 있고, 폴리페놀의 구성 물질 중 약 절반인 플라보노이드가 플라바놀로 구성되므로 적절하다고 판단할 수 있다.

오답 분석

① 4문단에 따르면 테아플라빈은 차의 색깔을 오렌지 계통의 금색으로 변화시킨다. 차의 색깔을 적색 계통의 갈색으로 만드는 것은 테아루비딘이므로 테아루비딘의 양에 대한 테아플라빈의 비율은 어두운 적색 계통의 갈색 홍차보다 오렌지색 계통의 금색 홍차에서 더 높을 것이다.

② 1문단에 따르면 항산화 물질은 활성산소의 생성을 막는 것이 아니라, 활성산소를 제거하는 것이므로 적절하지 않다.

④ 3문단에 따르면 에피갈로카데킨 갈레이트는 카데킨을 구성하는 항산화 물질 중 하나이다. 4문단에 따르면 카데킨은 녹차에 많고 홍차를 만들기 위한 산화 과정에서 그 일부가 테아플라빈과 테아루비딘으로 전환되므로 에피갈로카데킨 갈레이트는 카데킨이 테아플라빈과 테아루비딘으로 바뀌지 않는 녹차에 더 풍부할 것이라고 판단할 수 있다.

2. ②

정답 분석

② 2문단 마지막 문장에 따르면, 타일러의 시각은 원시적이든 문명적이든 차별을 두지 않고 문화의 보편적 실체를 확립했다는 점에서 의의가 있다. 타일러는 문명은 문화와 별개의 것이 아니고, 문화가 발전한 것이 바로 문명이라고 생각했으므로, 이를 바탕으로 그가 원시적이고 야만적인 사회에서도 문화가 존재했다고 생각했음을 추론할 수 있다.

오답 분석

① 독일 낭만주의자들은 문명을 물질적인 것에 국한시키고 비하한 반면, 문화를 민족의 혼이나 정신적 특성으로 규정했다. 문명은 문화가 발전된 단계라고 생각한 이는 타일러이다.

③ 문화와 문명이 본질적으로 다르다고 생각한 이들은 독일 낭만주의자들이다.

④ 지문에 따르면 아놀드는 문명은 외적이며 물질적인 반면, 문화는 내적이며 정신과 영혼의 차원에 속한다고 생각했다. 또한 그는 산업혁명 당시 도시의 하층민과 그들의 저급한 삶을 비판적으로 바라보며, 이에 대한 해결책으로 문화를 제시하였다. 그러나 이러한 정보만을 바탕으로 아놀드가 문화의 다양성이 어디서 비롯되었는지에 대해 어떠한 견해를 가졌는지 추론할 수는 없다.

3. ②

정답 분석

② 소설과 영화는 둘 모두 이야기를 전달하는 예술 양식이지만, 2문단에 따르면, 그 전달 방법에는 차이가 뚜렷한 차이가 있고, 이는 '서술자의 존재, 문자 언어'(소설), '카메라, 목소리'(영화)라는 매체의 차이에서 비롯된다고 할 수 있다.

오답 분석

① 영화는 인물의 내면 의식을 인물의 대사나 화면 밖의 목소리를 통해 전달할 수 있다.
③ 지문 내용만을 바탕으로, 영화와 소설 중 어떤 것이 더 '발달'한 매체인지 판정할 수 없다.
④ 카메라는 영화의 중개자로 기능하나 주제가 카메라의 촬영 기술과 효과에 따라 달라지는지는 지문 내용만을 바탕으로 판정할 수 없다.

4. ①

정답 분석

① 첫 번째 진술 "나는 오늘 운동을 하거나 빨래를 했다."와 세 번째 진술 "나는 운동을 하지 않았다."를 결합하여, → "나는 오늘 빨래를 했다."라는 결론을 얻을 수 있다.(선언지 제거) 아울러, 두 번째 진술 "만약 내가 빨래를 하면, 기분이 좋아지거나 스트레스가 줄어든다."와 첫 번째 과정의 결과 "나는 오늘 빨래를 했다."를 결합하면, "기분이 좋아지거나 스트레스가 줄어들었다."라는 결론을 얻을 수 있다.(전건 긍정) 그런데 스트레스가 줄어들지 않았으므로, "기분이 좋아졌다."라는 진술은 참이라고 할 수 있다.(선언지 제거)

오답 분석

② 주어진 진술에는 "운동"과 "기분이 좋아진다" 간의 관계에 대한 언급이 없다. 따라서, 반드시 참이라고 할 수 없다.
③ 나는 오늘 빨래를 했다.(선언지 제거) 그리고 기분이 좋아졌다.(정답 풀이 참조) 하지만 '기분이 좋아지면 빨래를 하는' 것이 그로 인해 도출되지는 않는다.
④ 주어진 진술에서는 "만약 내가 빨래를 하면, 기분이 좋아지거나 스트레스가 줄어든다."라고만 하였다. 빨래를 한다고 해서, 스트레스가 줄어드는 것이 반드시 참이라는 근거는 없다.

5. ①

정답 분석

① 〈보기〉는 동일한 대명사가 상황에 따라서 2인칭과 3인칭으로 쓰일 수 있음을 보여 준다. 이러한 내용을 보여 주는 또 다른 사례는 ①의 '저희'이다. '가'에 사용된 '저희'는 1인칭인 '우리'의 낮춤말이고, '나'에 사용된 '저희'는 앞에서 이미 말하였거나 나온 바 있는 사람들을 도로 가리키는 3인칭 대명사이다.

오답 분석

② '가'에 사용된 '누구'는 지시 대상이 누구인지 모르는 미지칭이고, '나'에 사용된 '누구'는 지시 대상이 정해지지 않은 부정칭이다. 미지칭, 부정칭은 모두 3인칭에 속하므로 ㉠의 예로 볼 수 없다.
③ '가'의 '그'는 3인칭이고, '나'의 '그'는 지시 대명사이므로 ㉠의 예로 볼 수 없다.
④ '가'와 '나'에 쓰인 '너희'는 모두 2인칭 대명사이다.
⑤ '가'와 '나'에 쓰인 '우리'는 모두 1인칭 대명사이다.

DAY 05

Week 1

[1] 다음 글을 읽고 물음에 답하시오.

우리에게 입력된 감각 정보는 모두 저장되는 것이 아니라 극히 일부분만 특정한 메커니즘을 통해 단기간 또는 장기간 저장된다. 신경과학자들은 장기 또는 단기기억의 저장 장소가 뇌의 어디에 존재하는지 연구해 왔고, 그 결과 두 기억은 모두 대뇌피질에 저장된다는 것을 알아냈다.

여러 감각 기관을 통해 입력된 감각 정보는 대부분 대뇌피질에서 인식된다. 인식된 일부 정보는 해마와 대뇌피질 간에 이미 형성되어 있는 신경세포 간 연결이 일시적으로 변화하는 과정에서 단기기억으로 저장된다. 해마와 대뇌피질 간 연결의 일시적인 변화가 대뇌피질 내에서 새로운 연결로 교체되어 영구히 지속되면 그 단기기억은 장기기억으로 저장된다. 해마는 입력된 정보를 단기기억으로 유지하고 또 새로운 장기기억을 획득하는 데 필수적이지만, 기존의 장기기억을 유지하거나 변형하는 부위는 아니다.

걷기, 자전거 타기와 같은 운동 기술은 반복을 통해서 학습되고, 일단 학습되면 잊혀지기 어렵다. 자전거 타기와 같은 기술에 관한 기억은 뇌의 성장과 발달에서 보이는 신경세포들 간에 새로운 연결이 이루어지는 메커니즘을 통해서 장기기억이 된다. 반면에 전화번호, 사건, 장소를 단기 기억할 때는 새로운 연결이 생기는 대신 대뇌피질과 해마 간에 이미 존재하는 신경세포의 연결을 통한 신호 강도가 높아지고 그 상태가 수분에서 수개월까지 유지됨으로써 가능하다. 이처럼 신경세포 간 연결 신호의 강도가 상당 기간 동안 증가된 상태로 유지되는 '장기 상승 작용' 현상은 해마 조직에서 처음 밝혀졌으며, 이 현상에는 흥분성 신경 전달 물질인 글루탐산의 역할이 중요하다는 것이 추가로 밝혀졌다.

1. 윗글에서 알 수 있는 것은?

① 방금 들은 전화번호를 받아 적기 위한 기억에는 신경세포 간 연결의 장기 상승 작용이 중요하다.
② 해마가 손상되면 이미 습득한 자전거 타기와 같은 운동 기술을 실행할 수 없게 된다.
③ 장기기억은 대뇌피질에 저장되지만 단기기억은 해마에 저장된다.
④ 새로운 단기기억은 이전에 저장되었던 장기기억에 영향을 준다.

[2] 다음 글을 읽고 물음에 답하시오.

지금까지 알려진 적이 없는 어느 부족의 언어를 최초로 번역해야 하는 번역자 S를 가정하자. S가 사용할 수 있는 자료는 부족민들의 언어 행동에 관한 관찰 증거뿐이다. S는 부족민들의 말을 듣던 중에 여러 번 '가바가이'라는 말소리를 알아들었는데, 그때마다 항상 눈앞에 토끼가 있다는 사실을 관찰했다. 이에 S는 '가바가이'를 하나의 단어로 추정하면서 그에 대한 몇 가지 가능한 번역어를 생각했다. 그것은 '한 마리의 토끼'라거나 '살아있는 토끼' 등 여러 상이한 의미로 번역될 수 있었다. 관찰 가능한 증거들은 이런 번역 모두와 어울렸기 때문에 S는 어느 번역이 옳은지 결정할 수 없었다.

이 문제를 해결하는 방안으로 제시된 ⊙이론 A는 전체의 의미로부터 그 구성요소의 의미를 결정하고자 한다. 즉, 문제의 단어를 포함하는 문장들을 충분히 모아 각 문장의 의미를 확정한 후에 이것을 기반으로 각 문장의 구성요소에 해당하는 단어의 의미를 결정하려는 것이다. 이런 점은 과학에서 단어의 의미를 확정하는 사례를 통해서 분명하게 드러난다. 예를 들어, '분자'의 의미는 "기체의 온도는 기체를 구성하는 분자들의 충돌에 의한 것이다."와 같은 문장들의 의미를 확정함으로써 결정할 수 있다. 그리고 이 문장들의 의미는 수많은 문장들로 구성된 과학 이론 속에서 결정될 것이다. 결국 과학의 단어가 지니는 의미는 과학 이론에 의존하게 되는 것이다.

2. 윗글의 ⊙에 대한 평가로 적절한 것을 〈보기〉에서 모두 고른 것은?

> **보기**
> ㄱ. "고래는 포유류이다."의 의미를 확정하기 위해서는 먼저 '포유류'의 의미를 결정해야 한다는 점은 ⊙을 강화한다.
> ㄴ. 뉴턴역학에서 사용되는 '힘'이라는 단어의 의미가 뉴턴역학에 의거하여 결정될 수 있다는 점은 ⊙을 강화한다.
> ㄷ. 토끼와 같은 일상적인 단어는 언어 행위에 대한 직접적인 관찰 증거만으로 그 의미를 결정할 수 있다는 점은 ⊙을 약화한다.

① ㄱ ② ㄴ
③ ㄱ, ㄷ ④ ㄴ, ㄷ

[3] 다음 글을 읽고 물음에 답하시오.

한국 사회의 근대화 과정은 급속한 산업화와 도시화라는 특징을 가진다. 1960년대 이후 급속한 근대화에 따라 전통적인 농촌공동체를 떠나 도시로 이주하는 사람들이 급격하게 증가하였으며, 이로 인해 전통적인 사회구조가 해체되었다. 이 과정에서 직계가족이 가치판단의 중심이 되는 가족주의가 강조되었다. 이는 전통적 공동체가 힘을 잃은 상황에서 가족이 매우 중요한 역할을 담당했기 때문이다. 국가의 복지가 부실한 상황에서 가족은 노동력의 재생산 비용을 담당했다.

가족은 물질적 생존의 측면뿐만 아니라 정서적 생존을 위해서도 중요한 보호막으로 기능했다. 말하자면, 전통적 사회구조가 약화되면서 나타나는 사회적 긴장과 불안을 해소하는 역할을 해 왔다는 것이다. 서구 사회의 근대화 과정에서는 개인의 자율적 판단과 선택을 강조하는 개인주의 윤리나 문화가 그러한 사회적 긴장과 불안을 해소하는 역할을 담당했다. 하지만 한국 사회의 경우 근대화가 급속하게 압축적으로 이루어졌기 때문에 서구 사회와 같은 근대적 개인주의 문화가 제대로 정착하지 못했다. 그래서 한국 사회에서는 가족주의 문화가 근대화 과정의 긴장과 불안을 해소하는 역할을 담당하게 되었다.

한편, 전통적 공동체 문화는 학연과 지연을 매개로 하여 유사가족주의 형태로 나타났다. 1960년대 이후 농촌을 떠나온 사람들이 도시에서 만든 계나 동창회와 같은 것들이 유사가족주의의 단적인 사례이다.

3. 윗글의 내용과 부합하지 않는 것은?

① 근대화 과정을 거치면서 한국 사회에서는 가족주의가 강조되었다.
② 한국의 근대화 과정에서 전통적 공동체 문화는 유사가족주의로 변형되기도 했다.
③ 근대화 과정에서 한국의 가족주의 문화와 서구의 개인주의 문화는 유사한 역할을 수행했다.
④ 한국의 근대화 과정에서 서구의 개인주의 문화가 정착하지 못한 것은 가족주의 문화 때문이었다.

4. 다음 진술이 모두 참일 때 '나'에 대하여 반드시 참인 것이 아닌 것은?

> - 나는 농구를 하거나 요가를 하거나 달리기를 했다.
> - 만약 내가 요가를 하면, 유연성이 좋아지고 스트레스가 줄어든다.
> - 만약 내가 달리기를 하면, 체력이 좋아지거나 집중력이 향상된다.
> - 나는 농구를 하지 않았다.
> - 나는 스트레스를 줄이지 못했다.
> - 나는 집중력이 향상되지 않았다.

① 나는 달리기를 했다.
② 나는 체력이 좋아졌다.
③ 나는 요가를 하지 않았다.
④ 나는 유연성이 좋아졌다.

[5] 다음 글을 읽고 물음에 답하시오.

어떤 말의 앞이나 뒤에 다른 말이 올 수 있는 말들의 관계를 결합 관계라 한다. 현대 국어의 의존 명사와 결합하는 선행 요소의 유형에는 관형사, 체언, 체언에 관형격 조사가 붙은 것, 용언의 관형사형 등이 있다. 의존 명사 중에는 ㉠ 다양한 유형의 선행 요소와 결합하는 것도 있으나, 그렇지 않은 것도 있다. 즉 '것'과 같이 '어느 것, 언니 것, 생각한 것' 등 다양한 유형의 선행 요소와 두루 결합하는 의존 명사가 있는 반면, '가 본 데'의 '데'나, '요리할 줄'의 '줄'과 같이 ㉡ 선행 요소로 용언의 관형사형과만 결합하는 의존 명사도 있다.

의존 명사와 결합하는 후행 요소로는 격 조사와 용언 등이 있다. 의존 명사 중에는 ㉢ 다양한 격 조사와 결합하여 여러 문장 성분으로 쓰이는 것도 있으나, ㉣ 특정 격 조사와만 결합하는 것도 있다. 예를 들어, '데'는 다양한 격 조사와 결합하여 여러 문장 성분으로 두루 쓰이지만, '만난 지(가) 오래되었다'의 '지'는 주격 조사와만 결합하여 주어로 쓰인다. '요리할 줄(을) 몰랐다', '그런 줄(로) 알았다'의 '줄'은 주로 목적격 조사나 부사격 조사와 결합하여 목적어나 부사어로 쓰이고 주어로는 쓰이지 않는다. 또한 '뿐'은 '읽을 뿐이다'처럼 서술격 조사 '이다'와 결합하거나 '그럴 뿐(이) 아니라'처럼 보격 조사와만 결합하여 쓰인다. 한편 의존 명사가 용언과 결합할 때는 ㉤ 다양한 용언과 결합하여 쓰일 수 있는 것과 ㉥ 특정 용언과만 결합하는 것이 있다. 예를 들어, '것'은 다양한 용언과 두루 결합하지만, '줄'은 주로 '알다, 모르다'와 결합한다.

5. ㉠~㉥ 중 〈보기〉의 '바'에 해당하는 것만을 고른 것은?

보기

의존 명사 '바'
- 우리가 나아갈 바를 밝혔다.
- 이것이 우리가 생각한 바이다.
- 그것은 *그 / *생각의 바와 다르다.
- 그것에 대해 내가 아는 바가 없다.
- 그가 우리 사회에 공헌한 바가 크다.

※ '*'는 어법에 맞지 않음을 나타냄.

① ㉠, ㉢, ㉤ ② ㉠, ㉣, ㉥ ③ ㉡, ㉢, ㉤
④ ㉡, ㉣, ㉤ ⑤ ㉡, ㉣, ㉥

MEMO

DAY 05 정답 및 해설

Week 1

DAY 05

| 1 ① | 2 ④ | 3 ④ | 4 ④ | 5 ③ |

1. ①

정답 분석

① 3문단에 따르면, 전화번호를 단기 기억할 때는 새로운 연결이 생기는 대신 대뇌피질과 해마 간에 이미 존재하는 신경세포의 연결을 통한 신호 강도가 높아지고 그 상태가 수분에서 수개월까지 유지됨으로써 가능한데, 이 현상을 '장기 상승 작용' 현상이라 한다. 선지의 '방금 들은 전화번호를 받아 적기 위한 기억'은 단기 기억으로 볼 수 있으므로, 이 기억에는 신경세포 간 연결의 장기 상승 작용이 중요하다고 할 수 있다.

오답 분석

② 3문단에 따르면, 자전거 타기와 같은 운동 기술은 '장기 기억'과 관련된다. 2문단에 따르면 해마는 기존의 장기기억을 유지하거나 변형하는 부위가 아니므로, 해마가 손상되었다고 해서 '이미 습득한' 자전거 타기와 같은 운동 기술을 실행할 수 없게 되는 것은 아니다.
③ 1문단에 따르면 장기기억과 단기기억은 모두 '대뇌피질'에 저장된다.
④ 2문단에 따르면, 해마와 대뇌피질 간 연결의 일시적인 변화가 대뇌피질 내에서 새로운 연결로 교체되어 영구히 지속되면 '그 단기기억은 장기기억으로 저장'되지만, 이 정보만을 바탕으로 새로운 단기기억이 기존의 장기기억에 모종의 영향을 준다고 단정할 수는 없다.

2. ④

문항 명사수의 눈

선지 판단 과정에서 ㄷ을 어떻게 처리할 것인지 다소 헷갈렸을 수 있다. ㉠은 1문단과 같이 직접적인 관찰 증거만으로 그 의미가 하나로 결정되지 않는 것에서 기원하는 것임을 잡아낼 수 있었다면 ㄷ은 이론이 제시된 바탕, 즉 이론이라는 !로 해결하고자 하는 ?가 없어지는 것이 됨을 잡아내어 ㄷ 선지를 적절하게 판단할 수 있었을 것이다.

정답 분석

④ ㄴ. 뉴턴역학에서 사용되는 단어의 의미가 뉴턴역학에 의거하여 결정될 수 있다는 것은 과학 이론이 과학의 단어가 지니는 의미를 규정하는 것이므로 2문단에 제시된 이론 A에 정확히 부합한다고 판단할 수 있다. 따라서 해당 사례는 ㉠을 강화할 것이다.

ㄷ. 2문단에 따르면 ㉠은 1문단에 제시된 직접적인 관찰만으로 '가바가이'라는 '토끼'로 추정되는 어휘의 의미를 결정할 수 없었던 문제에서 제기된 것이다. 즉, 관찰만으로 '가바가이'라는 단어의 의미를 결정할 수 없다는 한계(?)에 대한 해결 방안(!)으로 ㉠이 제시된 것이므로 ㉠이 해결해야 할 문제인 '언어 행위에 대한 직접적인 관찰 증거만으로 그 의미를 결정할 수 없다'는 것이 거짓이라면 그 해결 방안인 ㉠은 약화될 것이다.

오답 분석

ㄱ. '고래는 포유류이다.'의 의미를 확정하기 위해 문장에 사용된 단어인 '포유류'의 의미를 결정해야 한다는 것은 단어를 포함하는 문장을 모아 이를 기반으로 문장의 구성요소에 해당하는 단어의 의미를 결정하는 ㉠과 정확히 반대되는 것이므로, ㉠을 강화하는 것이 아니라 약화할 것이다.

3. ④

정답 분석

④ 한국의 근대화 과정에서 서구의 개인주의 문화가 정착하지 못한 이유는 한국 사회의 근대화가 급속하게 압축적으로 이루어졌기 때문이다. 이에 한국 사회에서는 가족주의 문화가 (서구의) 개인주의 문화가 수행한 역할을 담당하였다.

오답 분석

① 1문단에 따르면, 한국 사회의 근대화 과정에서 직계가족이 가치 판단의 중심이 되는 가족주의가 강조되었다.

② 3문단에 따르면, 전통적 공동체 문화는 근대화 과정에서 학연과 지연을 매개로 하여 유사가족주의 형태로 나타났다.

③ 정답 분석에서 언급한 바 있듯, 서구의 개인주의 문화가 정착하지 못했던 한국 사회에서는, 가족주의 문화가 서구의 개인주의 문화가 수행한 역할을 담당하였다.

4. ④

정답 분석

④ 첫 번째 진술 "나는 농구를 하거나 요가를 하거나 달리기를 했다."와 네 번째 진술 "나는 농구를 하지 않았다."를 결합하여 선언지 제거를 적용했다. 이로부터 "나는 요가를 했거나 달리기를 했다."라는 결론이 도출되었다. 그런데 두 번째 진술, 요가를 하면 스트레스가 줄어든다는 조건이 주어졌고, 스트레스를 줄이지 못했다는 진술이 참이므로, ③요가를 하지 않았다는 결론에 도달했다.(후건 부정) 그렇다면 ①달리기를 한 것이다.(선언지 제거).

"달리기를 하면, 체력이 좋아지거나 집중력이 향상된다."라는 조건에서 달리기를 하였으므로, 체력이 좋아지거나 집중력이 향상되었다. 그러나 마지막 진술에 따르면 집중력이 향상되지는 않았으므로, ②나는 체력이 좋아진 것이다.

그러나, 위 설명에 의하여, 나는 요가를 하지 않았으므로, 유연성이 좋아졌다는 결론이 항상 참인 것은 아니다.

5. ③

정답 분석

③ 의존 명사 '바'는 선행 요소로 용언의 관형사형과만 결합한다. (ⓒ) 후행 요소로는 주격 조사, 목적격 조사, 부사격 조사, 서술격 조사 등의 다양한 격 조사와 결합하여 쓰일 수 있다. (ⓒ) 또한 의존 명사 '바'는 후행 요소로 다양한 용언과 결합하여 쓰일 수 있다.(ⓓ)

국어
치열하게
독하게

2026 **공무원 데일리 유대종 시즌 1**

WEEK 2

DAY 01 — Week 2

[1] 다음 글을 읽고 물음에 답하시오.

조선 시대에는 지체 높은 관리의 행차 때 하인들이 그 앞에 서서 꾸짖는 소리를 크게 내어 행차에 방해되는 사람을 물리쳤다. 이런 행위를 '가도'라 한다. 국왕의 행차 때 하는 가도는 특별히 '봉도'라고 불렸다. 가도는 잡인들의 통행을 막는 것이기도 했기 때문에 '벽제'라고도 했으며, 이때 하는 행위를 '벽제를 잡는다.'라고 했다. 가도를 할 때는 대체로 '물렀거라', '에라, 게 들어 섰거라'고 외쳤고, 왕이 행차할 때는 '시위~'라고 소리치는 것이 정해진 법도였다. 『경도잡지』라는 문헌을 보면, 정1품관인 영의정, 좌의정, 우의정의 행차 때 내는 벽제 소리는 그리 크지 않았고, 그 행차 속도도 여유가 있었다고 한다. 행차를 느리게 하는 방식으로 그 벼슬아치의 위엄을 차렸다는 것이다. 그런데 삼정승 아래 벼슬인 병조판서의 행차 때 내는 벽제 소리는 날래고 강렬했다고 한다. 병조판서의 행차답게 소리를 크게 냈다는 것이다.

애초에 가도는 벼슬아치가 행차하는 길 앞에 있는 위험한 것을 미리 치우기 위한 행위였다. 그런데 나중에는 행차 앞에 방해되는 자가 없어도 위엄을 과시하는 관례로 굳어졌다. 가도 소리를 들으면 지나가는 사람은 멀리서도 냉큼 꿇어앉아야 했다. 그 소리를 듣고도 모른 척하면 엄벌을 면치 못했다. 벼슬아치를 경호하는 관원들은 행차가 지나갈 때까지 이런 자들을 눈에 띄지 않는 곳에 가둬 두었다가 행차가 지나간 뒤 몽둥이로 마구 때렸다. 그러니 서민들로서는 벼슬아치들의 행차를 피해 다른 길로 통행하는 것이 상책이었다.

서울 종로의 피맛골은 바로 조선 시대 서민들이 종로를 오가는 벼슬아치들의 행차를 피해 오가던 뒷골목이었다. 피맛골은 서울의 숱한 서민들이 종로 근방에 일이 있을 때마다 오가던 길이었고, 그 좌우에는 허름한 술집과 밥집도 많았다. 피마란 원래 벼슬아치들이 길을 가다가 자기보다 높은 관리를 만날 때, 말에서 내려 길옆으로 피해 경의를 표하는 행위를 뜻하는 말이다. 그런데 신분이 낮은 서민들은 벼슬아치들의 행차와 그 가도를 피하기 위해 뒷골목으로 다니는 행위를 '피마'라고 불렀다. 피맛골은 서민들의 입장에서 볼 때 자유롭게 통행할 수 있는 일종의 해방구였던 셈이다.

1. 윗글에서 알 수 있는 것으로 적절한 것은?

① 삼정승 행차보다 병조판서 행차 때의 벽제 소리가 더 컸다.
② 봉도란 국왕이 행차한다는 소리를 듣고 꿇어앉는 행위를 뜻한다.
③ 벼슬아치가 행차할 때 잡인들의 통행을 막으면서 서민들에 대한 감시가 증가했다.
④ 조선 시대에 신분이 낮은 서민들은 피마라는 용어를 말에서 내려 길을 피한다는 의미로 바꿔 썼다.

[2] 다음 글을 읽고 물음에 답하시오.

고대 철학자인 피타고라스는 현이 하나 달린 음향 측정 기구인 일현금을 사용하여 음정 간격과 수치 비율이 대응하는 원리를 발견하였다. 이를 바탕으로 피타고라스는 모든 것이 숫자 또는 비율에 의해 표현될 수 있다고 주장하였다.

그를 신봉한 피타고라스주의자들은 수와 기하학의 규칙이 무질서하게 보이는 자연과 불가해한 가변성의 세계에 질서를 부여한다고 믿었다. 즉 피타고라스주의자들은 자연의 온갖 변화는 조화로운 규칙으로 환원될 수 있다고 믿었다. 이는 피타고라스주의자들이 물리적 세계가 수학적 용어로 분석될 수 있다는 현대 수학자들의 사고에 단초를 제공한 것이라고 할 수 있다.

그러나 피타고라스주의자들은 현대 수학자들과는 달리 수에 상징적이고 심지어 신비적인 의미를 부여했다. 피타고라스주의자들은 '기회', '정의', '결혼'과 같은 추상적인 개념을 특정한 수의 가상적 특징, 즉 특정한 수에 깃들어 있으리라고 추정되는 특징과 연계시켰다. 또한 이들은 여러 물질적 대상에 수를 대응시켰다. 예를 들면 고양이를 그릴 때 다른 동물과 구별되는 고양이의 뚜렷한 특징을 드러내려면 특정한 개수의 점이 필요했다. 이때 점의 개수는 곧 고양이를 가리키는 수가 된다. 이것은 세계에 대한 일종의 원자적 관점과도 관련된다. 이 관점에서는 단위(unity), 즉 숫자 1은 공간상의 한 물리적 점으로 간주되기 때문에 물리적 대상들은 수 형태인 단위 점들로 나타낼 수 있다. 이처럼 피타고라스주의자들은 수를 실재라고 여겼는데 여기서 수는 실재와 무관한 수가 아니라 실재를 구성하는 수를 가리킨다.

피타고라스의 사상이 수의 실재성이라는 신비주의적이고 형이상학적인 관념에 기반하고 있다는 점은 틀림없다. 그럼에도 불구하고 피타고라스주의자들은 자연을 이해하는 데 있어 수학이 중요하다는 점을 알아차린 최초의 사상가들임이 분명하다.

2. 윗글의 내용과 부합하지 않는 것은?

① 피타고라스는 음정 간격을 수치 비율로 나타낼 수 있다는 것을 발견하였다.
② 피타고라스주의자들은 자연을 이해하는 데 있어 수학의 중요성을 인식하였다.
③ 피타고라스주의자들은 물질적 대상뿐만 아니라 추상적 개념 또한 수와 연관시켰다.
④ 피타고라스주의자들은 물리적 대상을 원자적 관점에서 실재와 무관한 단위 점으로 나타낼 수 있다고 믿었다.

[3] 다음 글을 읽고 물음에 답하시오.

조선은 건국 초부터 가족을 중시하였다. 가족의 안정이 곧 사회의 안정이라는 인식하에, 가정의 핵심인 부부를 보호하기 위해 어떻게든 이혼을 막아야 했다. 중국 법전인 『대명률』은 부인이 남편을 때렸거나 간통을 했을 경우 남편이 원하면 이혼을 허용했다. 그런데 조선은 『대명률』을 준용하면서도 '조선에는 이혼이란 없다.'라는 태도를 견지하였다. 『대명률』에는 이른바 출처(出妻)라는 항목이 있어서 이런저런 이유로 부인을 내쫓을 수 있게 되어 있지만, 조선에서는 출처가 거의 명목상으로만 존재하였다. 조선은 남편이 부인을 쫓아내는 것이 사회 안정에 도움이 되지 않는다는 사실을 잘 파악하고 있었다.

양반 남자 집안 또한 이혼이나 출처에 부정적이었다. 부인을 쫓아내면 그것은 곧 적처가 없게 되는 것이다. 적처는 양반가에서 적자의 배우자로 집안을 온전하게 유지하는 가정의 관리자다. 이에 조선의 양반가에서 적처의 존재는 필수 불가결한 것이었다. 게다가 적처를 쫓아내고 새 부인을 얻는다는 것은 현실적으로 비용과 노력이 많이 드는 골치가 아픈 일이었다. 적처를 내보내면 적처 집안과의 관계가 단절된다.

조선 전기에는 오늘날과 달리 남자가 여자 집으로 장가를 드는 형태로 혼인이 이루어졌기 때문에 적처의 집안 즉 여자 집안의 영향력이 컸고, 남자 집안과 여자 집안은 비교적 대등하고 협력적인 관계를 맺어 왔다. 물론 조선 후기로 내려오면서 혼인의 형태가 변화하여 남자 쪽이 주도권을 잡게 되었지만, 여전히 여자 집안으로부터의 영향력과 지원은 무시할 수 없었다. 따라서 여자 집안과의 공조를 끊는 것은 쉽게 결정할 일이 아니었다. 이러한 문제를 다 고려해서 이루어진 혼인이었으므로, 재혼을 통해 더 나은 관계를 찾는 것은 쉽지 않은 일이었다.

조선에서 남자 집안은 새로운 관계를 찾기보다는 처음 맺은 관계를 우호적으로 유지하면서 사회적인 이익을 얻기 위해 노력하는 것이 더 현실적이었다. 칠거지악이 여자들을 옥죄는 조선의 악습으로 알려져 있지만, 사실은 이 때문에 부인이 쫓겨난 경우는 없었다. 이처럼 이혼이 거의 불가능하고 또 불필요했기 때문에 조선의 부부들은 자신들에게 주어진 상황에 적응하는 쪽으로 노력을 기울였다.

3. 윗글에서 알 수 있는 것으로 적절한 것은?

① 조선 사회에서 양반 계층보다는 평민이나 노비 계층에서 이혼이 빈번했다.
② 조선의 양반 집안은 적처를 쫓아내기보다는 현실적인 이유에서 결혼을 유지하였다.
③ 조선에서 적처의 존재를 중요하게 생각한 것은 부인의 역할이 중국과는 달랐기 때문이다.
④ 조선 시대에는 중국 법전의 출처 항목에 명시된 사유에 해당한다고 판단될 경우 이혼을 실질적으로 용인하였다.

4. 다음 진술이 모두 참일 때, '나'에 대하여 반드시 참인 것은?

> - 나는 오늘 그림을 그리지 않았다.
> - 나는 오늘 피아노를 연주했거나 그림을 그렸다.
> - 만약 내가 피아노를 연주했다면, 나의 감성이 풍부해졌다.

① 나는 피아노를 연주하지 않았다.
② 피아노를 연주하면 그림을 그린다.
③ 나의 감성은 풍부해졌다.
④ 그림을 그리면 나의 감성이 풍부해진다.

5. 〈보기〉의 밑줄 친 부분에 해당하는 예로 적절하지 않은 것은?

> **보기**
>
> 국어의 조사 중에는 주로 체언 뒤에 결합하여 문법적인 관계를 나타내는 격 조사와 체언, 부사, 활용 어미 따위에 붙어서 어떤 특별한 의미를 더해주는 보조사가 있다.

① '국수 라도 먹으렴.'에서의 라도
② '영어 야 철수가 도사지.'에서의 야
③ '그 과자를 먹어 는 보았다.'에서의 는
④ '일을 빨리 만 하면 안 된다.'에서의 만
⑤ '그는 아이 처럼 순진하다.'에서의 처럼

DAY 01 정답 및 해설

Week 2

DAY 01

| 1 ① | 2 ④ | 3 ② | 4 ③ | 5 ⑤ |

1. ①

> **문항** 명사수의 눈
>
> 1문단과 같이 두 대상 사이의 차이점이 지문에서 명시적으로 비교를 통해 제시되고 있다면 이 부분은 문제화될 것이라고 예측할 수 있다. 또한 지문을 읽으면서 A의 결과와 A 그 자체의 의미를 혼동하지 않도록 하자.

정답 분석

① 1문단에 따르면 정1품관인 영의정, 좌의정, 우의정 삼정승의 행차 때 내는 벽제 소리는 그리 크지 않았으며, 삼정승 아래 벼슬인 병조판서 행차 때 내는 벽제 소리는 강렬했다고 제시되고 있으므로 적절하다고 판단할 수 있다.

오답 분석

② 1문단에 따르면 '봉도'란 국왕의 행차 때 하는 '가도', 즉 하인이 꾸짖는 소리를 내어 행차에 방해되는 사람을 물리는 행위를 특별히 부른 것이다. 소리를 듣고 꿇어앉는 것은 2문단에 따르면 백성이 꾸짖는 말을 들었을 때 해야 하는 행동일 뿐, 봉도 그 자체의 행위는 아니므로 적절하지 않다.

③ 2문단에 따르면 벼슬아치가 행차할 때 잡인의 행차를 막는 가도는 위엄을 과시하는 관례일 뿐이지, 서민들에 대한 감시와 연관이 있다는 정보는 제시된 바 없다.

④ 3문단에 따르면 말에서 내려 길을 피한다는 것은 피마의 본래 의미이다. 신분이 낮은 서민들이 바꾸어 쓴 의미는 벼슬아치의 행차와 그 가도를 피하기 위해 뒷골목으로 다니는 행위이다. 따라서 적절하지 않다.

2. ④

정답 분석

④ 3문단에 따르면, 피타고라스주의자들은 물리적 대상을 수 형태인 단위 점으로 나타냈는데, 피타고라스주의자들은 수를 실재로 여겼으므로, 단위 점은 실재와 무관하다고 할 수 없다.

오답 분석

① 1문단에 따르면, 피타고라스는 일현금을 사용하여 음정 간격과 수치 비율이 대응하는 원리를 발견했다.

② 4문단에 따르면, 피타고라스주의자들은 자연을 이해하는 데 있어 수학이 중요하다는 점을 알아차렸다.

③ 3문단에 따르면, 피타고라스주의자들은 여러 물질적 대상에 수를 대응시켰으며 여러 추상적인 개념 또한 특정한 수에 깃들어 있으리라고 추정되는 특징과 연계시켰다.

3. ②

> **문항** 명사수의 눈
> 1문단과 같이 두 대상이 대비를 이룰 때, 두 대상이 정확히 어떤 면에서 대비를 이루는지 속성을 대비해 주도록 하자.

정답 분석
② 2문단에서 부인을 쫓아내면 적처가 없게 되는 것인데, 적처의 존재는 필수 불가결한 것이었다며 적처를 쫓아내고 새 부인을 얻는다는 것은 현실적으로 비용과 노력이 많이 들어 어려웠다고 제시되고 있다. 이후 4문단에서 새로운 관계를 찾기보다 처음 맺은 관계를 유지하는 것이 현실적이었다고 제시되고 있으므로 적절하다고 판단할 수 있다.

오답 분석
① 양반 계층이 아닌 평민이나 노비 계층의 이혼 양상에 대해서는 제시된 바 없다.
③ 1문단에서 중국의 대명률을 통해 중국에서는 부인을 쫓아낼 수 있었음이 제시되면서 조선은 이혼이란 없다는 태도를 견지했다는 차이점이 제시되고, 2문단에서 조선에서 적자의 부인인 적처의 역할이 제시되고 있지만 중국과 조선의 부인 역할 차이가 제시되고 있지는 않다.
④ 1문단에 따르면 조선은 이혼을 허용하는 대명률을 준용하면서도 이혼은 없다는 태도를 견지하고, 대명률에 규정된 출처를 명목상의 것으로 취급하였으므로 적절하다고 볼 수 없다.

4. ③

정답 분석
③ 첫 번째 진술과 세 번째 진술을 바탕으로 선언지 제거를 적용한다. 첫 번째 진술 : "나는 피아노를 연주했거나 그림을 그렸다." / 세 번째 진술 : "나는 그림을 그리지 않았다."
선언지 제거를 통해, "나는 피아노를 연주했다."라는 것은 참임을 알 수 있다. 나아가, "만약 내가 피아노를 연주했다면, 나의 감성이 풍부해졌다."라는 문장과 결합하면 전건 긍정에 의해, "나의 감성은 풍부해졌다."는 참이 된다.

오답 분석
① 첫 번째 진술과 세 번째 진술로부터 "나는 피아노를 연주했다."라는 결론에 도달하므로 적절하지 않다.
② 피아노를 연주한다고 그림을 그리는 것은 아니다. 해당 문장들을 통해 오히려 피아노를 연주했지만, 그림을 그리지 않았음을 알 수 있다.
④ 주어진 진술에는 "그림을 그리면 감성이 풍부해진다."라는 조건이 포함되지 않으므로 반드시 참이라고 할 수 없다.

5. ⑤

정답 분석
⑤ ⑤의 '처럼'은 '모양이 서로 비슷하거나 같음을 나타내는 격 조사'이므로 보조사에 해당하지 않는다.

오답 분석
① ①의 '라도'는 '그것이 썩 좋은 것은 아니나 그런대로 괜찮음을 나타내는 보조사'로 쓰이고 있다.
② ②의 '야'는 '강조의 뜻을 나타내는 보조사'로 쓰이고 있다.
③ ③의 '는'은 '어떤 대상이 다른 것과 대조됨을 나타내는 보조사'로 쓰이고 있다.
④ ④의 '만'은 '무엇을 강조하는 뜻을 나타내는 보조사'로 쓰이고 있다.

DAY 02

Week 2

[1] 다음 글을 읽고 물음에 답하시오.

　19세기 후반 독일의 복지 제도를 주도한 비스마르크는 보수파였다. 그는 노령연금과 의료보험 정책을 통해 근대 유럽 복지 제도의 기반을 조성하였는데 이 정책의 일차적 목표는 당시 노동자를 대변하는 사회주의자들을 견제하면서 독일 노동자들이 미국으로 이탈하는 것을 방지하는 데 있었다. 그의 복지 정책은 노동자뿐 아니라 노인과 약자 등 사회의 다양한 계층으로부터 광범위한 지지를 얻을 수 있었지만, 이러한 정책을 실행하는 과정에서 각 정파들 간에 논쟁과 갈등이 발생했다. 복지 제도는 모든 국민에게 그들의 공과와는 관계 없이 일정 수준 이상의 삶을 영위할 수 있도록 사회적 최소치를 보장하는 것이고 이를 위해선 지속적인 재원이 필요했다. 그런데 그 재원을 확보하고자 국가가 세금과 같은 방법을 동원할 경우 그 비용을 강제로 부담하고 있다고 생각하는 국민들의 불만은 말할 것도 없고, 실제 제공되는 복지 수준이 기대치와 다를 경우 그 수혜자들로부터도 불만을 살 우려가 있었다.
　공동체적 가치를 중요시해 온 독일의 사회주의자들이나 보수주의자들은 복지 정책을 입안하고 그 집행과 관련된 각종 조세 정책을 수립하는 데에 적극적이었다. 이들은 보편적 복지를 시행하기 위한 재원을 국가가 직접 나서서 마련하는 데 찬성했다. 반면 개인주의에 기초하여 외부로부터 간섭받지 않을 권리와 자유를 최상의 가치로 간주하는 독일 자유주의자들은 여기에 소극적이었다. 이 자유주의자들은 모두를 위한 기본적인 복지보다는 개인의 사유재산권이나 절차상의 공정성을 강조하였다. 이들은 장애인이나 가난한 이들에 대한 복지를 구휼 정책이라고 간주해 찬성하지 않았다. 이들에 따르면 누군가가 선천적인 장애나 사고로 인해 매우 어려운 상황에 처해 있다고 내가 그 사람을 도와야 할 의무는 없는 것이다. 따라서 자신이 원하지도 않는 상황에서 다른 사람을 돕는다는 명목으로 국가가 강제로 개인에게 세금을 거두고자 한다면 이는 자유의 침해이자 강요된 노동이 될 수 있었다. 물론 독일 자유주의자들은 개인이 자발적으로 사회적 약자들을 돕는 것에는 반대하지 않고 적극 권장하는 입장을 취했다. 19세기 후반 독일의 보수파를 통해 도입된 복지 정책들은 이후 유럽 각국의 복지 제도 확립에 영향을 미쳤다. 그렇지만 개인의 자율성을 강조하는 자유주의자들과의 갈등들은 현재까지도 지속되고 있다.

1. 윗글에서 알 수 있는 것으로 적절한 것은?

① 독일 자유주의자들은 구휼 정책에는 반대했지만 개인적 자선 활동에는 찬성하였다.
② 독일 보수주의자들은 복지 정책에 드는 재원을 마련하면서 그 부담을 특정 계층에게 전가하였다.
③ 독일 보수주의자들이 집권한 당시 독일 국민의 노동 강도는 높아졌고 개인의 자율성은 침해되었다.
④ 공동체적 가치를 강조하는 사회주의적 전통이 확립될수록 복지 정책에 대한 독일 국민들의 불만은 완화되었다.

[2] 다음 글을 읽고 물음에 답하시오.

중국에서는 기원전 8~7세기 이후 주나라에서부터 청동전이 유통되었다. 이후 진시황이 중국을 통일하면서 화폐를 통일해 가운데 네모난 구멍이 뚫린 원형 청동 엽전이 등장했고, 이후 중국 통화의 주축으로 자리 잡았다. 하지만 엽전은 가치가 낮고 금화와 은화는 아직 주조되지 않았기 때문에 고액 거래를 위해서는 지폐가 필요했다. 결국 11세기경 송나라에서 최초의 법정 지폐인 교자(交子)가 발행되었다. 13세기 원나라에서는 강력한 국가 권력을 통해 엽전을 억제하고 교초(交鈔)라는 지폐를 유일한 공식 통화로 삼아 재정 문제를 해결했다.

아시아와 유럽에서 지폐의 등장과 발달 과정은 달랐다. 우선 유럽에서는 금화가 비교적 자유롭게 사용되어 대중들 사이에서 널리 유통되었다. 반면에 아시아의 통치자들은 금의 아름다움과 금이 상징하는 권력을 즐겼다는 점에서는 서구인들과 같았지만, 비천한 사람들이 화폐로 사용하기에는 금이 너무 소중하다고 여겼다. 대중들 사이에서 유통되도록 금을 방출하면 권력이 약화된다고 본 것이다. 대신에 일찍부터 지폐가 널리 통용되었다.

마르코 폴로는 쿠빌라이 칸이 모든 거래를 지폐로 이루어지게 하는 것을 보고 깊은 인상을 받았다. 사실상 종잇조각에 불과한 지폐가 그렇게 널리 통용되었던 이유는 무엇 때문일까? 칸이 만든 지폐에 찍힌 그의 도장은 금이나 은과 같은 권위가 있었다. 이것은 지폐의 가치를 확립하고 유지하는 데 국가 권력이 핵심 요소라는 사실을 보여준다.

유럽의 지폐는 그 초기 형태가 민간에서 발행한 어음이었으나, 아시아의 지폐는 처음부터 국가가 발행권을 갖고 있었다. 금속 주화와는 달리 내재적 가치가 없는 지폐가 화폐로 받아들여지고 사용되기 위해서는 신뢰가 필수적이다. 중국은 강력한 왕권이 이 신뢰를 담보할 수 있었지만, 유럽에서 지폐가 사람들의 신뢰를 얻기까지는 그보다 오랜 시간과 성숙된 환경이 필요했다. 유럽의 왕들은 종이에 마음대로 숫자를 적어 놓고 화폐로 사용하라고 강제할 수 없었다. 그래서 서로 잘 아는 일부 동업자들끼리 신뢰를 바탕으로 자체 지폐를 만들어 사용해야 했다. 하지만 민간에서 발행한 지폐는 신뢰 확보가 쉽지 않아 주기적으로 금융 위기를 초래했다. 정부가 나서기까지는 오랜 시간이 걸렸고, 17~18세기에 지폐의 법정화와 중앙은행의 설립이 이루어졌다. 중앙은행은 금을 보관하고 이를 바탕으로 금태환(兌換)을 보장하는 증서를 발행해 화폐로 사용하기 시작했고, 그것이 오늘날의 지폐로 이어졌다.

2. 윗글에서 알 수 있는 것은?

① 유럽에서 금화의 대중적 확산은 지폐가 널리 통용되는 결정적인 계기가 되었다.
② 유럽에서는 민간 거래의 신뢰를 기반으로 지폐가 중국에 비해 일찍부터 통용되었다.
③ 중국에서 청동으로 만든 최초의 화폐는 네모난 구멍이 뚫린 원형 엽전의 형태였다.
④ 중국에서 지폐 거래의 신뢰를 확보할 수 있었던 것은 강력한 국가 권력이 있었기 때문이다.

[3] 다음 글을 읽고 물음에 답하시오.

두뇌 연구는 지금까지 뉴런을 중심으로 진행되어 왔다. 뉴런 연구로 노벨상을 받은 카얄은 뉴런이 '생각의 전화선'이라는 이론을 확립하여 사고와 기억 등 두뇌에서 일어나는 모든 현상을 뉴런의 연결망과 뉴런 간의 전기 신호로 설명했다. 그러나 두뇌에는 뉴런 외에도 신경교 세포가 존재한다. 신경교 세포는 뉴런처럼 그 수가 많지만 전기 신호를 전달하지 못한다. 이 때문에 과학자들은 신경교 세포가 단지 두뇌 유지에 필요한 영양 공급과 두뇌 보호를 위한 전기 절연의 역할만을 가진다고 여겼다.

최근 과학자들은 신경교 세포에서 그 이상의 기능을 발견했다. 신경교 세포 중에도 '성상세포'라 불리는 별 모양의 세포는 자신만의 화학적 신호를 가진다는 것이 밝혀졌다. 성상세포는 뉴런처럼 전기를 이용하지는 않지만, '뉴런송신기'라고 불리는 화학물질을 방출하고 감지한다. 과학자들은 이러한 화학적 신호의 연쇄반응을 통해 신경교 세포가 전체 뉴런을 조정한다고 추론했다.

A 연구팀은 신경교 세포가 전체 뉴런을 조정하면서 기억력과 사고력을 향상시킨다고 예상하고서, 이를 확인하기 위해 인간의 신경교 세포를 갓 태어난 생쥐의 두뇌에 주입했다. 쥐가 자라면서 주입된 인간의 신경교 세포도 성장했다. 이 세포들은 쥐의 뉴런들과 완벽하게 결합되어 쥐의 두뇌 전체에 걸쳐 퍼지게 되었다. 심지어 어느 두뇌 영역에서는 쥐의 뉴런의 숫자를 능가하기도 했다. 뉴런과 달리 쥐와 인간의 신경교 세포는 비교적 쉽게 구별된다. 인간의 신경교 세포는 매우 길고 무성한 섬유질을 가지기 때문이다. 쥐에 주입된 인간의 신경교 세포는 그 기능을 그대로 간직한다. 그렇게 성장한 쥐들은 다른 쥐들과 잘 어울렸고, 다른 쥐들의 관심을 끄는 것에 흥미를 보였다. 이 쥐들은 미로를 통과해 치즈를 찾는 테스트에서 더 뛰어났다. 보통의 쥐들은 네다섯 번의 시도 끝에 올바른 길을 배웠지만, 인간의 신경교 세포를 주입받은 쥐들은 두 번 만에 학습했다.

3. 윗글에서 추론할 수 있는 것은?

① 인간의 신경교 세포를 쥐에게 주입하면, 쥐의 뉴런은 전기 신호를 전달하지 못할 것이다.
② 인간의 뉴런 세포를 쥐에게 주입하면, 쥐의 두뇌에는 화학적 신호의 연쇄 반응이 더 활발해질 것이다.
③ 인간의 뉴런 세포를 쥐에게 주입하면, 그 뉴런 세포는 쥐의 두뇌 유지에 필요한 영양을 공급할 것이다.
④ 인간의 신경교 세포를 쥐에게 주입하면, 그 신경교 세포는 쥐의 뉴런을 보다 효과적으로 조정할 것이다.

4. 다음 진술이 모두 참일 때, '그'에 대하여 반드시 참이라고 확정할 수 없는 것은?

- 그가 아침에 일찍 일어난다면 그는 신문을 보고 아침도 먹는다.
- 그가 아침을 먹었다면, 그는 커피를 마셨다.
- 그가 커피를 마셨다면, 그는 기분이 좋아진다.
- 그의 기분이 좋아지지 않았다.

① 그가 커피를 마시지 않았다.
② 그는 아침을 먹지 않았다.
③ 그는 아침에 일찍 일어나지 않았다.
④ 그는 신문을 본다.

5. 다음의 밑줄 친 부분에 해당하는 예로 적절하지 않은 것은?

국어의 조사 중에는 결합하는 앞말과 다른 말과의 문법적인 관계를 표시하는 격 조사와 특별한 뜻을 더해 주는 보조사가 있다. 격 조사는 특정한 문장 성분에만 쓰인다. 가령 주격 조사는 주어에, 목적격 조사는 목적어에 쓰인다. 반면 보조사는 하나의 문장 성분에만 쓰이는 것이 아니라 여러 문장 성분에 쓰일 수 있다.

① '삼촌이 밤에 만 글을 썼다.'에서의 '만'.
② '선수들이 오늘 은 간식을 먹었다.'에서의 '은'.
③ '내가 친구 한테 가방을 선물했다.'에서의 '한테'.
④ '아이들이 유치원에서 악기 도 연주한다.'에서의 '도'.
⑤ '누나가 일기를 책으로 까지 만들었다.'에서의 '까지'.

DAY 02 정답 및 해설　　　　　　　　　　　　　　　　　　　Week 2

DAY 02

| 1 ① | 2 ④ | 3 ④ | 4 ④ | 5 ③ |

1. ①

> **문항** 명사수의 눈
> 지문에서 N개의 입장이 제시될 때, 선명한 대비가 드러나는 입장의 속성 대비 파악뿐만이 아니라 큰 틀에서 유사한 입장이 서로 다른 입장으로 성립하게 되는 까닭을 파악하는 것 또한 중요하다. 병렬도 대비임을 유념하도록 하자.

정답 분석

① 2문단에 따르면 독일 자유주의자들은 '복지를 구휼 정책이라고 간주'하였기 때문에 복지에 찬성하지 않았으나, '개인이 자발적으로 사회적 약자들을 돕는 것에는 반대하지 않고 적극 권장하는 입장을 취했'으므로 적절하다고 판단할 수 있다.

오답 분석

② 2문단에 따르면 보수주의자들은 복지 정책을 입안하면서 이를 위한 재원을 국가가 직접 나서서 마련하는 데 찬성하였지만 특정 계층에게 그 부담을 전가했다는 내용은 제시되지 않았다.

③ 2문단에 제시된 자유주의자에 대한 내용을 고려할 때, 자율성이 일부 침해되었다고 볼 여지가 있으나, 당시 독일 국민의 노동 강도가 높아졌다고 판단할 수 있는 근거는 제시된 바 없다.

④ 독일에 사회주의적 전통이 확립되었다고 제시된 바 없으며, 따라서 이에 따라 불만이 완화되었는지도 알 수 없다.

2. ④

정답 분석

④ 4문단에 따르면, 중국에서는 강력한 왕권이 신뢰를 담보하여 내재적 가치가 없는 지폐가 화폐로 받아들여지고 사용될 수 있었다.

오답 분석

① 2문단에 따르면, 유럽에서는 금화가 비교적 자유롭게 사용되어 대중들 사이에서 널리 유통되었으나, 금화의 유통이 지폐가 통용되는 과정의 결정적인 원인이 되었는지 여부는 알 수 없다.

② 4문단에 따르면, 유럽에서 지폐가 사람들의 신뢰를 얻기까지는 중국보다 오랜 시간과 성숙된 환경이 필요했다. 이를 바탕으로 할 때, 유럽에서의 지폐 통용은 중국보다 이른 시기에 이루어졌다고 볼 수 없다.

③ 1문단에 따르면, 중국에서는 가운데 네모난 구멍이 뚫린 원형 청동 엽전이 등장하기 이전에 주나라에서 청동전이 유통되었다.

3. ④

정답 분석

④ 인간의 신경교 세포가 전체 뉴런을 조정하고, 기억력과 사고력을 향상시킬 수 있음은 3문단의 실험을 통해 입증되었다. 따라서 인간의 신경교 세포를 쥐에게 주입할 경우, 그 신경교 세포는 쥐의 뉴런을 보다 효과적으로 조정할 것임을 추론할 수 있다.

오답 분석

① 신경교 세포가 1문단에 제시된 바와 같이 '전기 절연의 역할'을 한다 하더라도, 인간의 신경교 세포가 쥐에게 주입될 경우 쥐의 뉴런이 전기 신호를 '전달하지 못할' 것이라고 추론할 수는 없다. 3문단 실험에서 인간의 신경교 세포가 주입된 쥐의 두뇌에서는 여전히 '사고와 기억' 등의 현상이 발생하는데, 이를 바탕으로 할 때 인간의 신경교 세포가 쥐에게 주입될 경우에도 쥐의 뉴런은 전기 신호를 전달할 것이라고 추론할 수는 있을 것이다.

②, ③ 지문의 실험 내용만을 바탕으로, 인간의 '뉴런 세포'가 쥐에게 주입될 경우 어떤 일이 발생할지는 알 수 없다.

4. ④

정답 분석

④ 그가 아침에 일찍 일어나면 아침을 먹고 신문도 보는 것이다. 네 번째 진술로 세 번째 진술의 후건 부정을 하면 그는 커피를 마시지 않았고, 이를 통해 두 번째 진술을 후건 부정하면 그는 아침을 먹지 않았다. 따라서 첫 번째 진술의 후건 부정으로 그가 아침에 일찍 일어나지 않았음을 알 수 있을 뿐, '그가 신문을 본다.'라고 단정할 수 없다.

오답 분석

① 네 번째 진술과 세 번째 진술을 통해 후건 부정을 적용하면, "그는 커피를 마시지 않았다."라는 결론을 도출할 수 있다.
② 두 번째 진술과 ①의 결론을 통해, "그는 아침을 먹지 않았다."라는 결론을 도출할 수 있다.
③ 첫 번째 진술과 ②의 결론을 통해, "그는 아침에 일찍 일어나지 않았다."라는 결론을 도출할 수 있다.

5. ③

정답 분석

③ '한테'는 부사격 조사 '에게'의 구어적 표현으로, '일정하게 제한된 범위를 나타내는 격 조사'라는 뜻으로 쓰인다. 따라서 보조사의 예에 해당하지 않는다.

오답 분석

① ①의 '만'은 '다른 것으로부터 제한하여 어느 것을 한정함을 나타내는 보조사'로 쓰이고 있다.
② ②의 '은'은 '어떤 대상이 다른 것과 대조됨을 나타내는 보조사'로 쓰이고 있다.
④ ④의 '도'는 '이미 어떤 것이 포함되고 그 위에 더함의 뜻을 나타내는 보조사'로 쓰이고 있다.
⑤ ⑤의 '까지'는 '이미 어떤 것이 포함되고 그 위에 더함의 뜻을 나타내는 보조사'로 쓰이고 있다.

DAY 03

[1] 다음 글을 읽고 물음에 답하시오.

철은 구성 성분과 용도 그리고 단단함의 정도(강도), 질긴 정도(인성), 부드러운 정도(연성), 외부 충격에 깨지지 않고 늘어나는 정도(가단성) 등의 성질에 따라 다양한 종류로 나뉜다.

순철은 거의 100% 철로 되어있다. 순철을 가열하면 약 910℃에서 체심입방격자에서 면심입방격자로 구조 변화가 일어나면서 수축이 일어나고 이 구조는 약 1,400℃까지 유지된다. 그 이상의 온도에서는 구조가 다시 체심입방격자로 바뀌면서 팽창이 일어난다. 순철은 얇게 펼 수 있으며, 용접하기 쉽고, 쉽게 부식되지 않지만, 상온에서 매우 부드러워서 전자기 재료, 촉매, 합금용 등 그 활용 범위가 제한되어 있으며 공업적으로 조금 생산된다. 따라서 대부분의 경우 철은 순철 자체로 사용되기보다 탄소가 혼합된 형태로 사용된다.

선철은 용광로에서 철광석을 녹여 만든 철로서 탄소, 규소, 망간, 인, 황이 많이 포함되어 있고 단단하지만 부서지기 쉽다. 선철에는 탄소가 특히 많이 함유되어 있기 때문에 순철보다 인성과 가단성이 낮아 주형에 부어 주물로 만들 수는 있지만, 압력을 가해 얇게 펴거나 늘리는 가공은 어렵다. 대부분 선철은 강(鋼)을 만들기 위한 원료로 사용되며, 용광로에서 나와 가공되기 전 녹아 있는 상태의 선철을 용선이라고 한다.

제강로에 선철을 넣으면 탄소나 기타 성분이 제거되는 정련 과정이 일어나며, 이를 통해 강이 만들어진다. 강은 질기고 외부의 충격에 깨지지 않고 늘어나는 성질이 강하기 때문에 불에 달구어서 두들기거나 압연기 사이로 통과시키면서 압력을 가해 여러 형태의 판이나 봉, 관 등의 구조재를 만들 수 있다. 또한 외부 충격에 견디는 힘이 높아 그 용도가 무궁무진하다.

강은 탄소 함유량에 따라 저탄소강, 중탄소강, 고탄소강으로 구분한다. 탄소강은 가공과 열처리를 통해 성질을 다양하게 변화시킬 수 있고 값도 매우 싸기 때문에 실용 재료로써 그 가치가 매우 크다. 하지만 모든 성질이 우수한 탄소강을 만드는 것은 불가능하기에 다양한 제강 과정을 거쳐서 용도에 따른 특수강을 만들어 사용한다. 강에 특수한 성질을 주기 위하여 니켈, 크롬, 텅스텐, 몰리브덴 등의 특수 원소를 첨가하거나 탄소, 규소, 망간, 인, 황 중 일부를 첨가하여 내열강, 내마모강, 고장력강 등을 만드는데 이것을 특수강이라고 부른다.

1. 윗글에서 알 수 있는 것으로 적절한 것은?

① 순철은 연성이 높기 때문에 온도에 의한 구조 변화와 수축·팽창이 쉽게 일어난다.
② 순철은 선철보다 덜 질기고 외부 충격에 깨지지 않고 늘어나는 정도가 더 낮다.
③ 용선이 가지고 있는 탄소의 양은 저탄소강이 가지고 있는 탄소의 양보다 적다.
④ 제강로에서 일어나는 정련 과정은 선철의 인성과 가단성을 높인다.

[2] 다음 글을 읽고 물음에 답하시오.

　　다양한 생물체의 행동 원리를 관찰하여 모델링한 알고리즘을 생체모방 알고리즘이라 한다. 날아다니는 새 떼, 야생 동물 떼, 물고기 떼, 그리고 박테리아 떼 등과 같은 생물 집단에서 쉽게 관찰할 수 있는 군집 현상에 관한 연구가 최근 활발히 진행되고 있다. 군집 현상은 무질서한 개체들이 외부 작용 없이 스스로 질서화된 상태로 변해가는 현상을 총칭하며, 분리성, 정렬성, 확장성, 결합성의 네 가지 특성을 나타낸다. 첫째, 분리성은 각 개체가 서로 일정한 간격을 유지하여 독립적 공간을 확보하는 특성을 의미하고 둘째, 정렬성은 각 개체가 다수의 개체들이 선택하는 경로를 이용하여 자신의 이동 방향을 결정하는 특성을 의미하며 셋째, 확장성은 개체수가 증가해도 군집의 형태를 유지하는 특성을 의미한다. 마지막으로 결합성은 각 개체가 주변 개체들과 동일한 행동을 하는 특성을 의미한다.

　　㉠알고리즘A는 시력이 없는 개미 집단이 개미집으로부터 멀리 떨어져 있는 먹이를 가장 빠른 경로를 통해 운반하는 행위로부터 영감을 얻어 개발된 알고리즘이다. 개미가 먹이를 발견하면 길에 남아 있는 페로몬을 따라 개미집으로 먹이를 운반하게 된다. 이러한 방식으로 개미 떼가 여러 경로를 통해 먹이를 운반하다 보면 개미집과 먹이와의 거리가 가장 짧은 경로에 많은 페로몬이 쌓이게 된다. 개미는 페로몬이 많은 쪽의 경로를 선택하여 이동하는 특징이 있어 일정 시간이 지나면 개미 떼는 가장 짧은 경로를 통해서 먹이를 운반하게 된다. 이 알고리즘은 통신망 설계, 이동체 경로 탐색, 임무 할당 등의 다양한 최적화 문제에 적용되어 왔다.

　　㉡알고리즘B는 반딧불이들이 반짝거릴 때 초기에는 각자의 고유한 진동수에 따라 반짝거리다가 점차 시간이 지날수록 상대방의 반짝거림에 맞춰 결국엔 한 마리의 거대한 반딧불이처럼 반짝거리는 것을 지속하는 현상에서 영감을 얻어 개발된 알고리즘이다. 개체들이 초기 상태에서는 각자 고유의 진동수에 따라 진동하지만, 점차 상호 작용을 통해 그 고유 진동수에 변화가 생기고 결국에는 진동수가 같아지는 특성을 반영한 것이다. 이 알고리즘은 집단 동기화 현상을 효과적으로 모델링하는 데 적용되어 왔다.

2. 윗글의 ㉠과 ㉡이 모방하는 군집 현상의 특성을 가장 적절하게 짝지은 것은?

	㉠	㉡
①	정렬성	결합성
②	확장성	정렬성
③	분리성	결합성
④	결합성	분리성

[3] 다음 글을 읽고 물음에 답하시오.

『승정원일기』는 조선시대 왕의 비서 기관인 승정원의 업무 일지이다. 승정원에서 처리한 업무는 당시 최고의 국가 기밀이었으므로 『승정원일기』에는 중앙과 지방에서 수집된 주요한 정보와 긴급한 국정 사항이 생생하게 기록되었다. 『승정원일기』가 왕의 통치 기록으로서 주요한 자리를 차지할 수 있었던 것은 조선의 통치 구조와 관련이 있다. 조선은 모든 국가 조직이 왕을 중심으로 짜여 있는 중앙집권제 국가였다. 국가 조직은 크게 여섯 분야로 나뉘어져 이, 호, 예, 병, 형, 공의 육조가 이를 담당하였다. 승정원도 육조에 맞추어 육방으로 구성되었고, 육방에는 담당 승지가 한 명씩 배치되었다. 중앙과 지방의 모든 국정 업무는 육조를 통해 수합되었고, 육조는 이를 다시 승정원의 해당 방의 승지에게 보고하였다. 해당 승지는 이를 다시 왕에게 보고하였고, 왕의 명령이 내려지면 담당 승지가 받아 해당 부서에 전하였다.

승정원에 보고된 육조의 모든 공문서는 승정원의 주서가 받아서 기록하였는데, 상소문이나 탄원서 등의 문서도 마찬가지였다. 만약 사헌부, 사간원, 홍문관 등에서 특정 관료나 사안에 대해 비판하는 경우 주서가 그 내용을 기록하였으며, 왕과 신료가 만나 국정을 의논하거나 경연을 할 때 주서는 반드시 참석하여 그 대화 내용을 기록하였다. 즉 주서는 사관의 역할도 겸하였으며, 주서가 사관으로서 기록한 것을 사초라 하였다. 하루 일과가 끝나면 주서는 자신이 기록한 사초를 정리하여 이것을 승정원에서 처리한 공문서나 상소문과 함께 모두 모아 매일 『승정원일기』를 작성하였다. 한 달이 되면 이를 한 책으로 엮어 왕에게 보고하였고, 왕의 결재를 받은 다음 자신이 근무하는 승정원 건물에 보관하였다.

『승정원일기』는 오직 한 부만 작성되었으므로 궁궐의 화재로 원본 자체가 소실되기도 하였다. 임진왜란 전에 승정원은 경복궁 근정전 서남쪽에 위치하였는데, 왜란으로 경복궁이 불타면서 『승정원일기』도 함께 소실되었다. 이후에도 여러 차례 궁궐에 화재가 발생하였다. 영조 23년에는 창덕궁에 불이 나 『승정원일기』가 거의 타버렸으나 영조는 이를 복원하도록 하였다.

3. 윗글의 내용과 부합하는 것으로 적절한 것은?

① 주서는 사초에 근거하여 육조의 국정 업무 자료를 선별해 수정한 뒤 책으로 엮어 왕에게 보고하였다.
② 형조에서 수집한 지방의 공문서는 승정원의 형방 승지를 통해 왕에게 보고되었다.
③ 왕이 사간원에 내리는 공문서는 사간원에 배치된 승지를 통해 전달되었다.
④ 사관의 역할을 겸하였던 주서와 승지는 함께 『승정원일기』를 작성하였다.

4. 다음 진술이 모두 참일 때, '나'에 대하여 반드시 참인 것은?

> - 내가 열심히 공부하면, 시험 점수가 오르고 자신감이 생긴다.
> - 시험 점수가 오르지 않았다면, 나는 공부를 열심히 하지 않았다.
> - 나는 자신감이 생기지 않았다.

① 나는 시험 점수가 올랐다.
② 나는 열심히 공부하지 않았다.
③ 자신감이 생기면 공부를 열심히 한다.
④ 나는 공부를 열심히 했지만 시험 점수가 오르지 않았다.

5. 〈보기〉를 바탕으로 하여 조사의 특성에 대해 탐구한 내용이 적절하지 않은 것은?

> **보기**
> - 형(은/*는) 학교에 가고, 나(*은/는) 집에 갔다.
> - 민수(가/는) 운동(을/은) 싫어한다.
> - 나는 점심에 국수 먹었는데 너는 무엇을 먹었어?
> - 어서요 읽어 보세요.
> - 빵만으로 살 수 없다.
>
> (*는 비문법적인 표현임.)

① 격 조사 자리에 보조사가 올 수도 있군.
② 격 조사는 담화 상황에 따라 생략할 수도 있군.
③ 앞에 오는 말의 받침 유무에 따라 조사를 선택하기도 하는군.
④ 보조사는 체언뿐 아니라 부사 뒤에도 붙을 수 있군.
⑤ 보조사는 격 조사와 결합할 때 격 조사 뒤에만 붙을 수 있군.

DAY 03 정답 및 해설

Week 2

DAY 03

| 1 ④ | 2 ① | 3 ② | 4 ② | 5 ⑤ |

1. ④

> **문항** 명사수의 눈
>
> 1문단에서 '단단함의 정도(강도)'와 같이 강도의 정의가 제시되고 있는 점에 주목해 보자. 이런 식으로 용어의 정의 등이 제시된다면 지문에서 용어의 뜻과 용어가 동어로 서로 바뀌어 제시될 수 있다. 3문단, 4문단에서 철의 유형별 차이를 설명하면서 이런 동어 처리가 드러나고 있다.

정답 분석

④ 4문단에 따르면 제강로에 선철을 넣으면 정련 과정이 일어나며, 이를 통해 만들어지는 강은 질기고(인성) 외부 충격에 깨지지 않고 늘어나는 성질(가단성)이 강하므로 적절하다고 판단할 수 있다.

오답 분석

① 2문단에 따르면 순철은 온도에 따라 구조 변화가 일어나 수축과 팽창을 겪고, 상온에서 매우 부드러워서(연성) 전자기 재료 등으로 사용되지만 연성 때문에 구조 변화와 수축 팽창이 용이하게 일어난다는 인과가 제시되고 있는 것은 아니므로 적절하다고 보기 어렵다.

② 3문단에 따르면 용광로에서 철광석을 녹여 만든 철인 선철은 순철보다 질긴 정도인 인성과 깨지지 않고 늘어나는 정도인 가단성이 낮다. 즉, 순철의 인성과 가단성은 선철보다 낮은 것이 아니라 높은 것이므로 적절하다고 볼 수 없다.

③ 3문단에 따르면 용선은 녹은 선철이며, 4문단에 따르면 선철은 탄소가 많이 포함되어 있어서 선철을 제강로에 넣어 탄소나 기타 성분을 제거하는 정련 과정을 거쳐 강을 얻게 되는 것이므로 적절하다고 보기 어렵다.

2. ①

정답 분석

① ㉠ : 개미는 페로몬이 많은 쪽의 경로를 선택하여 이동하는 특징이 있다는 내용을 바탕으로, '각 개체가 다수의 개체들이 선택하는 경로를 이용하여 자신의 이동 방향을 결정하는 특성'인 정렬성과 연결할 수 있다.

㉡ : 반딧불이가 상호 작용을 통해 각자의 고유 진동수에 변화가 생겨 결국 진동수가 같아진다는 점을 바탕으로, '각 개체가 주변 개체들과 동일한 행동을 하는 특성'인 결합성과 연결할 수 있다.

3. ②

> **문항** 명사수의 눈
> 1문단에 제시된 행정 처리 과정과 조직 구조를 정리해 줄 수 있었다면 쉽게 접근할 수 있었을 것이다.

정답 분석

② 1문단에 따르면 승정원에는 이, 호, 예, 병, 형, 공의 육조에 맞추어 구성되어 있는 육방이 있어 담당 승지가 한 명씩 배치되었다. 육조는 중앙과 지방의 모든 국정 업무를 수합해 이를 육방의 승지에 보고하고 승지가 이를 다시 왕에게 보고하였으므로 형조가 지방의 공문서를 수집하면 형조에 맞추어 구성된 형방의 승지가 보고를 받아 이를 다시 왕에게 보고할 것이라고 판단할 수 있다. 따라서 적절하다.

오답 분석

① 2문단에 따르면 주서는 사초를 정리해서 승정원이 처리한 공문서나 상소문과 함께 모아서 승정원일기를 작성하였을 뿐, 육조의 국정 업무 자료를 수정하였다고 제시된 바 없으므로 적절하다고 볼 수 없다.

③ 1문단에 따르면 승정원은 이, 호, 예, 병, 형, 공의 육조에 맞추어 육방으로 구성되었으며, 승지는 이 육방에 한 명씩 배치된 것이다. 따라서 이조, 호조, 예조, 병조, 형조, 공조가 아니며 방도 아닌 사간원에 승지가 배치되어 왕이 내리는 공문서를 전달하지는 않았을 것이라고 판단할 수 있다.

④ 2문단에 따르면 승정원일기는 주서에 의해서 작성되었다. 1문단에 따르면 승지는 육조에 맞추어 구성된 방에 배치되어 육조의 보고를 받고 왕에게 보고하는 역할이므로 적절하다고 보기 어렵다.

4. ②

정답 분석

② 첫 번째 진술과 세 번째 진술을 통해 후건 부정을 적용해 보자.
첫 번째 진술: "열심히 공부하면, 시험 점수가 오르고 자신감이 생긴다."
세 번째 진술: "나는 자신감이 생기지 않았다." 그러므로 후건 부정을 통해 "나는 공부를 열심히 하지 않았다."라는 결론을 얻을 수 있다.

오답 분석

① 두 번째 진술에 따르면, 공부를 열심히 하면 시험 점수가 오른다.(첫 번째 진술의 대우) 그러나 자신감이 생기지 않았다는 세 번째 진술을 통해 첫 번째 진술의 후건 부정으로 열심히 공부하지 않았다는 것이 도출되므로, 시험 점수가 올랐다고 단정 지을 수 없다.

③ 첫 번째 진술의 대우를 취해 도출할 수 있는 것은 '자신감이 생기지 않았거나, 시험 점수가 오르지 않았다면 나는 공부를 열심히 하지 않았다' 정도이다. '자신감이 생기면 공부를 열심히 한다.'라는 것은 위의 진술을 통해 도출할 수 있는 문장이 아니다.

④ 첫 번째 진술과 세 번째 진술을 확인해 보면, 나는 열심히 공부하지 않았다. 따라서 적절하지 않다.

5. ⑤

정답 분석

⑤ '빵만으로'에서 보조사 '만'은 격 조사 '으로' 앞에 나타나므로, 격 조사와 결합할 때 격 조사 뒤에만 붙는다는 것은 틀린 서술이다.

오답 분석

① '형은'과 '나는'은 모두 주어인데 주격 조사 대신 보조사 '은, 는'이 결합하고 있다.

② '무엇을'은 목적격 조사가 나타난 목적어인데, '국수 먹었는데'에서 '국수'는 목적격 조사 '를'이 생략된 채 나타나 있는 목적어로 볼 수 있다.

③ '형은'의 '은'은 앞말이 자음으로 끝났기 때문에 나타나고, '나는'의 '는'은 앞말이 모음으로 끝났기 때문에 나타난다.

④ '어서요'에서 보조사 '요'는 부사 '어서' 뒤에 붙어 있는데, 이를 통해 보조사는 체언뿐 아니라 부사 뒤에도 붙을 수 있음을 알 수 있다.

Week 2

[1] 다음 글을 읽고 물음에 답하시오.

현대 심신의학의 기초를 수립한 연구는 1974년 심리학자 애더에 의해 이루어졌다. 애더는 쥐의 면역계에서 학습이 가능하다는 주장을 발표하였는데, 그것은 면역계에서는 학습이 이루어지지 않는다고 믿었던 당시의 과학적 견해를 뒤엎는 발표였다. 당시까지는 학습이란 뇌와 같은 중추신경계에서만 일어날 수 있을 뿐 면역계에서는 일어날 수 없다고 생각했다.

애더는 시클로포스파미드가 면역세포인 T세포의 수를 감소시켜 쥐의 면역계 기능을 억제한다는 사실을 알고 있었다. 어느 날 그는 구토를 야기하는 시클로포스파미드를 투여하기 전 사카린 용액을 먼저 쥐에게 투여했다. 그러자 그 쥐는 이후 사카린 용액을 회피하는 반응을 일으켰다. 그 원인을 찾던 애더는 쥐에게 시클로포스파미드는 투여하지 않고 단지 사카린 용액만 먹여도 쥐의 혈류 속에서 T세포의 수가 감소된다는 것을 알아내었다. 이것은 사카린 용액이라는 조건자극이 T세포 수의 감소라는 반응을 일으킨 것을 의미한다.

심리학자들은 자극-반응 관계 중 우리가 태어날 때부터 가지고 있는 것을 '무조건자극-반응'이라고 부른다. '음식물-침 분비'를 예로 들 수 있고, 애더의 실험에서는 '시클로포스파미드-T세포 수의 감소'가 그 예이다. 반면에 무조건자극이 새로운 조건자극과 연결되어 반응이 일어나는 과정을 '파블로프의 조건형성'이라고 부른다. 애더의 실험에서 쥐는 조건형성 때문에 사카린 용액만 먹여도 시클로포스파미드를 투여 받았을 때처럼 T세포 수의 감소 반응을 일으킨 것이다. 이런 조건형성 과정은 경험을 통한 행동의 변화라는 의미에서 학습과정이라 할 수 있다.

이 연구 결과는 몇 가지 점에서 중요하다고 할 수 있다. 심리적 학습은 중추신경계의 작용으로 이루어진다. 그런데 면역계에서도 학습이 이루어진다는 것은 중추신경계와 면역계가 독립적이지 않으며 어떤 방식으로든 상호작용한다는 것을 말해준다. 이 발견으로 연구자들은 마음의 작용이나 정서 상태에 의해 중추신경계의 뇌세포에서 분비된 신경전달물질이나 호르몬이 우리의 신체 상태에 어떠한 영향을 끼치게 되는지를 더 면밀히 탐구하게 되었다.

1. 윗글에서 알 수 없는 것은?

① 쥐에게 시클로포스파미드를 투여하면 T세포 수가 감소한다.
② 애더의 실험에서 사카린 용액은 새로운 조건자극의 역할을 한다.
③ 애더의 실험은 면역계가 중추신경계와 상호작용할 수 있음을 보여준다.
④ 애더의 실험 이전에는 중추신경계에서 학습이 가능하다는 것이 알려지지 않았다.

[2] 다음 글을 읽고 물음에 답하시오.

　진화 과정에서 빛을 방출하는 일부 원생생물은 그렇지 않은 원생생물보다 어떤 점에서 생존에 더 유리했을까? 요각류라고 불리는 동물이 밤에 발광하는 원생생물인 와편모충을 먹는다는 사실은 이러한 의문을 풀어줄 실마리를 제공한다. 와편모충이 만든 빛은 요각류를 잡아먹는 어류를 유인할 수 있다. 이때 ㉠<u>발광하는 와편모충을 잡아먹는 요각류가 발광하지 않는 와편모충만을 잡아먹는 요각류보다</u> 그들의 포식자인 육식을 하는 어류에게 잡아먹힐 위험성이 더 높아질 것이다.
　연구자들은 실험실의 커다란 수조 속에 요각류와 요각류의 포식자 중 하나인 가시고기를 같이 두어 이 가설을 검증하였다. 수조의 절반에는 발광하는 와편모충을 넣고 다른 절반에는 발광하지 않는 와편모충을 넣었다. 연구자들은 방을 어둡게 한 상태에서 요각류는 와편모충을, 그리고 가시고기는 요각류를 잡아먹게 하였다. 몇 시간 후 ㉡<u>연구자들은 수조 속 살아남은 요각류의 수를 세었다.</u> 그 결과는 예상과 같았다. 가시고기는 수조에서 ㉢<u>빛을 내지 않는 와편모충이 있는 쪽보다 빛을 내는 와편모충이 있는 쪽에서 요각류를 더 적게 먹었다.</u> 이러한 결과는 원생생물이 자신을 잡아먹는 동물에게 포식 위협을 증가시킴으로써 잡아먹히는 것을 회피할 수 있음을 시사한다. ㉣<u>요각류에게는 빛을 내는 와편모충을 계속 잡는 것보다 도망치는 편이 더 이익이다.</u> 이때 발광하는 와편모충은 요각류의 저녁 식사가 될 확률이 낮아지므로, 자연선택은 이들 와편모충에서 생물발광이 유지되도록 하였다.
　만약 우리가 생물발광하는 원생생물이 자라고 있는 해변을 밤에 방문한다면 원생생물이 내는 불빛을 보게 될 것이다. 원생생물이 내는 빛은 포식자인 육식동물들에게 원생생물을 잡아먹는 동물이 근처에 있을 수 있다는 신호가 된다.

2. 윗글의 흐름에 맞지 않는 곳을 ㉠~㉣에서 찾아 수정할 때 가장 적절한 것은?

① ㉠을 "발광하지 않는 와편모충을 잡아먹는 요각류가 발광하는 와편모충만을 잡아먹는 요각류보다"로 고친다.
② ㉡을 "연구자들은 수조 속 살아남은 와편모충의 수를 세었다."로 고친다.
③ ㉢을 "빛을 내지 않는 와편모충이 있는 쪽보다 빛을 내는 와편모충이 있는 쪽에서 요각류를 더 많이 먹었다."로 고친다.
④ ㉣을 "요각류에게는 도망치는 것보다 빛을 내는 와편모충을 계속 잡는 편이 더 이익이다."로 고친다.

[3] 다음 글을 읽고 물음에 답하시오.

　　조직 구성원의 발언은 조직과 구성원 양측에 긍정적 효과를 가져올 수 있다. 구성원들은 발언을 함으로써 스스로 통제할 수 있다는 느낌을 가지게 되어 직무 스트레스가 줄고 조직에 대해 긍정적 태도를 가질 수 있다. 동시에 발언은 발언자의 조직 내 이미지를 실추시키거나 다양한 보복을 불러올 우려가 없지 않다. 한편 침묵은 조직의 발전 기회를 놓치게 하거나 조직을 위기에 처하게 할 수 있을 뿐만 아니라, 구성원 자신들에게도 부정적 영향을 미칠 수 있다. 침묵은 구성원들로 하여금 스스로를 가치 없는 존재로 느끼게 만들고, 관련 상황을 통제하지 못한다는 인식을 갖게 함으로써, 구성원들의 정신건강과 신체에 악영향을 미칠 수 있다. 구성원들은 조직에서 우려되는 이슈들을 인지하였을 때, 이를 발언으로 표출할지 아니면 침묵으로 표출하지 않을지 선택할 수 있는데, 해당 조직의 문화 아래에서 보복과 관련한 안전도와 변화 가능성에 대한 실효성 등을 고려하여 판단한다.

　　침묵의 유형들은 다음과 같다. 먼저, 묵종적 침묵은 조직의 부정적 이슈 등과 관련된 정보나 의견 등을 가지고 있지만 이를 알리거나 표출할 행동 유인이 없어 표출하지 않는 행위를 가리킨다. 이러한 침묵은 문제 있는 현실을 바꾸려는 의지를 상실한 체념의 의미를 내포하고 있어, 방관과 유사하다. 묵종적 침묵은 발언을 해도 소용이 없을 것이라는 조직에 대한 불신으로부터 나오는 행위이다.

　　방어적 침묵은 외부 위협으로부터 자신을 보호하거나 자신을 향한 보복을 당하지 않기 위해 조직과 관련된 부정적인 정보나 의견을 억누르는 적극적인 성격의 행위를 가리킨다. 기존에 가진 것을 지키기 위한 것뿐만 아니라, 침묵함으로써 추가적인 이익을 보고자 하는 것도 방어적 침묵의 행동 유인으로 포함하여 보기 때문에 자기보신적 행위라고 할 수 있다.

　　친사회적 침묵은 조직이나 다른 구성원의 이익을 보호하려는 목적에서 조직과 관련된 부정적 정보나 의견 등을 표출하지 않고 억제하는 행위로서, 다른 사람을 배려한 이타주의적인 침묵을 가리킨다. 이는 본인의 사회적 관계를 위한 경우에는 해당되지 않고, 철저하게 '나'를 배제한 판단 아래에서 이뤄지는 행위이다.

3. 윗글에서 추론할 수 있는 것으로 적절하지 않은 것은?

① 구성원들의 발언이 조직의 의사결정에 반영되는 정도가 커질수록, 조직의 묵종적 침묵은 감소할 것이다.
② 발언의 영향으로 자신의 안전이 걱정되어 침묵하는 경우는 방어적 침묵에 해당한다.
③ 발언의 실효성이 낮을 것으로 판단하여 침묵하는 경우는 묵종적 침묵에 해당한다.
④ 발언자에 대한 익명성을 보장하는 경우, 조직의 친사회적 침묵은 감소할 것이다.

4. 다음 진술이 모두 참일 때, 반드시 참인 것은?

- 고양이가 밥을 먹으면, 강아지도 밥을 먹는다.
- 강아지가 밥을 먹으면, 새도 노래를 부른다.
- 새가 노래를 부르지 않으면, 물고기도 움직이지 않는다.

① 물고기가 움직이면, 강아지도 밥을 먹는다.
② 새가 노래를 부르지 않으면, 고양이도 밥을 먹지 않는다.
③ 강아지가 밥을 먹지 않으면, 물고기는 움직인다.
④ 고양이가 밥을 먹으면, 새는 노래를 부르지 않는다.

5. ⟨보기⟩의 조건을 모두 충족하는 예로 적절하지 않은 것은?

> **보기**
> [조건 1] 다른 것과 비교하거나 기준으로 삼는 대상임을 나타내는 조사
> [조건 2] 둘 이상의 사물을 같은 자격으로 이어 주는 조사

		[조건 1]	[조건 2]
①	과	이 책은 내가 갖고 있는 것과 같다.	경숙과 민희는 여고 동창이다.
②	와	개는 늑대와 비슷하게 생겼다.	너와 내가 아니면 우리 조국을 누가 지키랴.
③	랑	저는 어머니랑 많이 닮았대요.	나는 영희랑 철수랑 영수를 우리 집에 초대했다.
④	하고	내 모자는 그것하고 다르다.	배하고 사과하고 감을 가져 오너라.
⑤	이며	그림이며 조각이며 미술품으로 가득 차 있었다.	옷이며 신이며 죄다 흩어져 있었다.

DAY 04 정답 및 해설 — Week 2

DAY 04
| 1 ④ | 2 ③ | 3 ④ | 4 ② | 5 ⑤ |

1. ④

정답 분석

④ 1문단에 따르면, 애더의 실험 이전에도 학습이 중추신경계에서 일어날 수 있다는 사실은 알려져 있었다.

오답 분석

① 2문단에 따르면, 시클로포스파미드가 T세포의 수를 감소시켜 쥐의 면역계 기능을 억제한다는 것은 이미 '사실'로서 알려져 있었다.

② 3문단에 따르면, '시클로포스파미드-T세포 수의 감소'는 '무조건자극-반응'의 예이며, 무조건자극이 새로운 조건자극과 연결되어 반응이 일어나는 과정을 '파블로프의 조건형성'이라 부른다. 애더의 실험에서 쥐는 조건형성 때문에 사카린 용액만 먹어도 시클로포스파미드를 투여 받았을 때처럼 T세포 수의 감소 반응을 일으킨 것이므로 사카린 용액이 새로운 조건자극의 역할을 하는 것을 알 수 있다.

③ 4문단에 따르면, 면역계에서도 학습이 이루어진다는 애더의 실험 연구 결과는 중추신경계와 면역계가 어떤 방식으로든 상호작용한다는 것을 말해준다.

2. ③

문항 명사수의 눈

이런 빈칸 문제는 결국 문맥의 파악이 핵심이다. 모든 밑줄 뒤에 '그들', '그 결과', '이러한', '이때'와 같이 바로 이어지는 연결어가 존재한다는 점, 그리고 밑줄 친 부분이 결론에 해당하는 내용인 점에 주목해 보자. 이렇게 이어지는 흐름 속에서 각 빈칸의 의미가 드러난다. 이 문제와 같이 흐름과 맞지 '않는' 것을 고르는 문제에서는 모순이 발생하는지를 확인하는 것 또한 좋은 접근 방법이다.

정답 분석

③ 3문단에서 ⓒ에 이어 '이러한 결과는 원생생물이 자신을 잡아먹는 동물에게 포식 위협을 증가시킴으로써 잡아먹히는 것을 회피할 수 있음을 시사한다.'라고 제시되고 있다. 1문단에서 '빛을 방출하는 일부 원생생물은 ~ 어떤 점에서 생존에 더 유리했을까?'라는 물음이 제시되고 있는 점, 3문단 마지막 문장에서 '자연선택은 이들 와편모충에서 생물발광이 유지되도록 하였다.'라고 제시된 점으로 미루어 보아 ⓒ의 내용은 와편모충이 빛을 내는 것이 생존에 유리하다는 것이어야 함을 알 수 있다. 기존 ⓒ은 빛을 내는 쪽에서 와편모충을 먹는 포식자가 적게 사망했다는 것이므로, 지문 내용에 부합하기 위해서는 ⓒ이 선지와 같이 와편모충이 빛을 낼 때 와편모충의 포식자가 더 많이 사냥당한다는 것이어야 한다고 판단할 수 있다.

오답 분석

① 바로 앞 문장에서 '와편모충이 만든 빛은 요각류를 잡아먹는 어류를 유인할 수 있다.'라고 제시되고 있고, 첫 문장에서 '빛을 방출하는 일부 원생생물은 ~ 어떤 점에서 생존에 더 유리했을까?'라는 물음이 던져지고 있으므로, ㉠은 와편모충이 만든 빛에 의해 요각류를 잡아 먹는 어류가 유인되면서 빛을 내는 와편모충의 생존이 유리해지는 것이어야 한다고 판단할 수 있다. 이런 조건에 합치하는 것은 기존 ㉠이며, 바뀐 선지의 ㉠은 반대로 발광하는 와편모충보다 발광하지 않는 와편모충이 생존에 유리한 것이 되므로 적절하다고 볼 수 없다.

② 2문단에서 연구자들이 실험하고자 하는 가설은 1문단에 제시된 '와편모충이 만든 빛은 요각류를 잡아먹는 어류를 유인할 수 있다.'에서 도출된 '발광하는 와편모충을 잡아먹는 요각류가 발광하지 않는 와편모충만을 잡아먹는 요각류보다 그들의 포식자인 육식을 하는 어류에게 잡아먹힐 위험성이 더 높아질 것이다.'이다. 따라서 해당 연구를 수행하는 연구자들은 와편모충이 아닌 요각류의 수를 세어야 하므로 적절하다고 볼 수 없다.

④ ㉡ 뒤에 바로 이어지는 문장에서 '이때 발광하는 와편모충은 요각류의 저녁 식사가 될 확률이 낮아지므로'라고 제시되고 있다. 따라서 ㉡은 요각류가 빛을 내는 와편모충을 잡아먹지 않는다는 내용이 되어야 하므로 적절하지 않다고 판단할 수 있다.

3. ④

> **문항** 명사수의 눈
>
> 유형이 나뉘는 지문은 대비가 드러나는 지문과 같이 속성 대비를 파악하는 것이 중요하다. 어떤 대분류 아래 유형이 나뉜다는 것은 특정 사례가 어떤 유형에 속하는지 문제화하기 매우 좋은 지문 유형이므로, 각 유형이 다른 유형과 구분되도록 하는 지점, 즉 유형의 분별점을 파악할 수 있도록 하자. 각 유형이 병렬로 제시된 병렬도 대비 구조로 처리할 수 있다. 여기서는 3문단 2문장, 4문단 2문장에서 유형에 속하는 경우에 대한 추가적인 정보가 제시되고 있는 점에 주목해 보도록 하자.

정답 분석

④ 4문단에 따르면 친사회적 침묵은 철저하게 '나'를 배제한 판단으로, 다른 사람을 배려한 것이다. 발언자에 대한 익명성은 발언자를 보호할 수는 있어도, 발언에 의해 피해를 입을 타인을 보호할 수 있는 것은 아니므로 친사회적 침묵이 감소할 것이라고 볼 수 없다.

오답 분석

① 2문단에 따르면 묵종적 침묵은 발언을 해도 소용이 없을 것이라는 조직에 대한 불신으로부터 나온다. 발언이 조직의 의사 결정에 반영되는 정도가 커지면, 발언을 해도 소용이 없을 것이라는 불신이 희석될 것이므로 적절하다고 판단할 수 있다.

② 3문단에서 방어적 침묵은 외부 위협으로부터 자신을 보호하거나, 자신을 향한 보복을 당하지 않기 위한 것이라고 제시되고 있으므로 적절하다고 판단할 수 있다.

③ 2문단에 따르면 묵종적 침묵은 발언을 해도 소용이 없을 것이라는 조직에 대한 불신으로부터 나오므로 적절하다고 판단할 수 있다.

4. ②

정답 분석

② 새가 노래를 부르지 않는다면 강아지가 밥을 먹지 않은 것이고, 이로 인해 고양이도 밥을 먹지 않는다(첫 번째 진술과 두 번째 진술의 대우).

오답 분석

① 물고기가 움직이더라도 강아지가 밥을 먹지 않는 경우가 가능하므로 반드시 참인 것은 아니다.

③ 강아지가 밥을 먹지 않고 물고기가 움직이지 않을 수 있으므로 반드시 참인 것은 아니다.

④ 삼단 논법에 의해서 고양이가 밥을 먹으면 강아지도 밥을 먹고, 강아지가 밥을 먹으면 새도 노래를 부르기 때문에 해당 선지는 적절하지 않다.

5. ⑤

정답 분석

⑤ 〈보기〉에 제시된 [조건 1]은 '다른 것과 비교하거나 기준으로 삼는 대상임을 나타내는 조사'이므로 '부사격 조사'이고, [조건 2]는 '둘 이상의 사물을 같은 자격으로 이어 주는 조사'이므로 '접속 조사'이다. ⑤ '그림이며 조각이며 미술품으로 가득 차 있었다.'와 '옷이며 신이며 죄다 흩어져 있었다.'에서의 '이며'는 각각 '그림'과 '조각', '옷'과 '신'을 같은 자격으로 이어 주고 있으므로 둘 다 접속 조사([조건 2])에 해당하는 예이다.

오답 분석

① '이 책은 내가 갖고 있는 것과 같다.'에서의 '과'는 '이 책'을 '내가 갖고 있는 것'과 비교하고 있으므로 부사격 조사이며, '경숙과 민희는 여고 동창이다.'에서의 '과'는 '경숙'과 '민희'를 같은 자격으로 이어 주고 있으므로 접속 조사이다.

② '개는 늑대와 비슷하게 생겼다.'에서의 '와'는 '개'를 '늑대'와 비교하고 있으므로 부사격 조사이며, '너와 내가 아니면 우리 조국을 누가 지키랴.'에서의 '와'는 '너'와 '내(나)'를 같은 자격으로 이어 주고 있으므로 접속 조사이다.

③ '저는 어머니랑 많이 닮았대요.'에서의 '랑'은 '저'를 '어머니'와 비교하고 있으므로 부사격 조사이며, '나는 영희랑 철수랑 영수를 우리 집에 초대했다.'에서의 '랑'은 '영희'와 '철수'를 같은 자격으로 이어 주고 있으므로 접속 조사이다.

④ '내 모자는 그것하고 다르다.'에서의 '하고'는 '내 모자'를 '그것'과 비교하고 있으므로 부사격 조사이며, '배하고 사과하고 감을 가져오너라.'에서의 '하고'는 '배'와 '사과'를 같은 자격으로 이어 주고 있으므로 접속 조사이다.

DAY 05

[1] 다음 글을 읽고 물음에 답하시오.

갈릴레오는 『두 가지 주된 세계 체계에 관한 대화』에서 등장인물인 살비아티에게 자신을 대변하는 역할을 맡겼다. 심플리치오는 아리스토텔레스의 자연철학을 대변하는 인물로서 살비아티의 대화 상대역을 맡고 있다. 또 다른 등장인물인 사그레도는 건전한 판단력을 지닌 자로서 살비아티와 심플리치오 사이에서 중재자 역할을 맡고 있다.

이 책의 마지막 부분에서 사그레도는 나흘간의 대화를 마무리하며 코페르니쿠스의 지동설을 옳은 견해로 인정한다. 그리고 그는 그 견해를 지지하는 세 가지 근거를 제시한다. 첫째는 행성의 겉보기 운동과 역행 운동에서, 둘째는 태양이 자전한다는 것과 그 흑점들의 운동에서, 셋째는 조수 현상에서 찾아낸다.

이에 반해 살비아티는 지동설의 근거로서 사그레도가 언급하지 않은 항성의 시차(視差)를 중요하게 다룬다. 살비아티는 지구의 공전을 입증하기 위한 첫 번째 단계로 지구의 공전을 전제로 한 코페르니쿠스의 이론이 행성의 겉보기 운동을 얼마나 간단하고 조화롭게 설명할 수 있는지를 보여준다. 그런 다음 그는 지구의 공전을 전제로 할 때, 공전 궤도의 두 맞은편 지점에서 관측자에게 보이는 항성의 위치가 달라지는 현상, 곧 항성의 시차를 기하학적으로 설명한다.

그렇다면 사그레도는 왜 이 중요한 사실을 거론하지 않았을까? 그것은 세 번째 날의 대화에서 심플리치오가 아리스토텔레스의 이론을 옹호하면서 지동설에 대한 반박 근거로 공전에 의한 항성의 시차가 관측되지 않음을 지적한 것과 관련이 있다. 당시 갈릴레오는 자신의 망원경을 통해 별의 시차를 관측하지 못했다. 그는 그 이유가 항성이 당시 알려진 것보다 훨씬 멀리 있기 때문이라고 주장하였지만, 반대자들에게 그것은 임기응변적인 가설로 치부될 뿐이었다. 결국 그 작은 각도가 나중에 더 좋은 망원경에 의해 관측되기까지 항성의 시차는 지동설의 옹호자들에게 '불편한 진실'로 남아 있었다.

1. 윗글에서 알 수 없는 것은?

① 아리스토텔레스의 철학을 따르는 심플리치오는 지구가 공전하지 않음을 주장한다.
② 사그레도는 항성의 시차에 관한 기하학적 예측에 근거하여 코페르니쿠스의 지동설을 받아들인다.
③ 사그레도와 살비아티는 둘 다 행성의 겉보기 운동을 근거로 하여 코페르니쿠스의 지동설을 옹호한다.
④ 심플리치오는 관측자에게 항성의 시차가 관측되지 않았다는 사실에 근거하여 코페르니쿠스의 지동설을 반박한다.

[2] 다음 글을 읽고 물음에 답하시오.

물질을 구성하는 작은 입자들의 배열 상태는 어떻게 생겼을까? 이것은 '부피를 최소화시키려면 입자들을 어떻게 배열해야 하는가?'의 문제와 관련이 있다. 모든 입자들이 구형이라고 가정한다면 어떻게 쌓는다고 해도 사이에는 빈틈이 생긴다. 문제는 이 빈틈을 최소한으로 줄여서 쌓인 공이 차지하는 부피를 최소화시키는 것이다.

이 문제를 해결하기 위해 케플러는 여러 가지 다양한 배열 방식에 대하여 그 효율성을 계산하는 방식으로 연구를 진행하였다. 그가 제안했던 첫 번째 방법은 인접입방격자 방식이었다. 이것은 수평면(제1층) 상에서 하나의 공이 여섯 개의 공과 접하도록 깔아 놓은 후, 움푹 들어간 곳마다 공을 얹어 제1층과 평행한 면 상에 제2층을 쌓는 방식이다. 이 경우 제2층의 배열 상태는 제1층과 동일하지만 단지 전체적인 위치만 약간 이동하게 된다. 이러한 방식의 효율성은 74%이다.

다른 방법으로는 단순입방격자 방식이 있다. 이것은 공을 바둑판의 격자 모양대로 쌓아가는 방식으로, 이 배열에서는 수평면 상에서 하나의 공이 네 개의 공과 접하도록 배치된다. 그리고 제2층의 배열 상태를 제1층과 동일한 상태로 공의 중심이 같은 수직선 상에 놓이도록 배치한다. 이 방식의 효율성은 53%이다. 이 밖에 6각형격자 방식이 있는데, 이것은 각각의 층을 인접입방격자 방식에 따라 배열한 뒤에 층을 쌓을 때는 단순입방격자 방식으로 쌓는 것이다. 이 방식의 효율성은 60%이다.

이러한 규칙적인 배열 방식에 대한 검토를 통해, 케플러는 인접입방격자 방식이 알려진 규칙적인 배열 중 가장 효율이 높은 방식임을 주장했다.

2. 윗글에서 추론할 수 있는 것으로 적절한 것을 〈보기〉에서 모두 고른 것은?

보기
ㄱ. 배열 방식 중에서 제1층만을 따지면 인접입방격자 방식의 효율성이 단순입방격자 방식보다 크다.
ㄴ. 단순입방격자 방식에서 하나의 공에 접하는 공은 최대 6개이다.
ㄷ. 어느 층을 비교하더라도 단순입방격자 방식이 6각형격자 방식보다 효율성이 크다.

① ㄱ
② ㄷ
③ ㄱ, ㄴ
④ ㄴ, ㄷ

[3] 다음 글을 읽고 물음에 답하시오.

우리나라에서 주먹도끼가 처음 발견된 곳은 경기도 연천이다. 첫 발견 이후 대대적인 발굴조사를 통해 연천의 전곡리 유적이 세상에 그 존재를 드러내게 되었고 그렇게 발견된 주먹도끼는 단숨에 세계 학자들의 주목 대상이 되었다. 그동안 동아시아에서는 찍개만 발견되었을 뿐 전기 구석기의 대표적인 석기인 주먹도끼는 발견되지 않았기 때문이었다.

찍개는 초기 인류부터 사용했으며 세계 곳곳에서 발견되었다. 반면 프랑스의 아슐에서 처음 발견된 주먹도끼는 양쪽 면을 갈아 만든 거의 완벽에 가까운 좌우대칭 형태의 타원형 도구이다. 사냥감의 가죽을 벗겨 내고, 구멍을 뚫고, 빻거나 자르는 등 다양한 작업에 사용된 다용도 도구였다. 학계가 주먹도끼에 주목했던 것은 그것이 찍개에 비해 복잡한 가공작업을 거쳐 만든 것이므로 인류의 진화 과정을 풀 열쇠라고 보았기 때문이다. 주먹도끼를 만들기 위해서는 만들 대상을 결정하고 그에 따른 모양을 설계한 뒤, 적합한 재료를 선택해 제작하는 복잡한 과정을 거쳐야 했다. 이는 구석기인들의 지적 수준이 계획과 실행이 가능한 수준으로 도약했다는 것을 확인해 주는 부분이다. 아동 심리발달 단계에 따르면 12세 정도가 되면 형식적 조작기에 도달하게 되는데, 주먹도끼처럼 3차원적이며 대칭적인 물건을 만들 수 있으려면 이런 형식적 조작기 수준의 인지 능력, 즉 추상적 개념에 대하여 논리적·체계적·연역적으로 사고할 수 있을 정도의 인지 능력을 갖추어야 한다. 더 나아가 형식적 조작 능력을 갖추었을 때 비로소 언어적 지능이 발달하게 된다. 즉 주먹도끼를 제작할 수 있다는 것은 추상적 사고를 할 수 있으며 그런 추상적 개념을 언어로 표현하고 대화할 수 있다는 것을 의미한다.

전곡리에서 주먹도끼가 발견되었을 당시 학계는 ㉠모비우스 학설이 지배하고 있었다. 이 학설은 주먹도끼가 발견되지 않은 인도 동부를 기준으로 모비우스 라인이라는 가상선을 긋고, 그 서쪽 지역인 유럽이나 아프리카는 주먹도끼 문화권으로, 그 동쪽인 동아시아는 찍개 문화권으로 구분하였다. 더불어 모비우스 라인 동쪽 지역은 서쪽 지역보다 인류의 지적·문화적 발전 속도가 뒤떨어졌다고 하였다.

3. 윗글의 ㉠에 대한 평가로 가장 적절한 것은?

① 주먹도끼를 만들어 사용한 인류가 찍개를 만들어 사용한 인류보다 두개골이 더 컸다는 것이 밝혀진다면 ㉠이 강화된다.
② 형식적 조작기 수준의 인지 능력을 가진 인류가 구석기 시대에 동아시아에서 유럽으로 이동했다는 것이 밝혀진다면 ㉠이 강화된다.
③ 계획과 실행을 할 수 있는 지적 수준의 인류가 거주했던 증거가 동아시아 전기 구석기 유적에서 발견되고 추상적 개념을 언어로 표현하며 소통했던 증거가 유럽의 전기 구석기 유적에서 발견된다면 ㉠이 강화된다.
④ 학술 연구를 통해 전곡리 유적이 전기 구석기 시대의 유적으로 확증된다면 ㉠이 약화된다.

4. 다음 진술이 모두 참일 때, '고고학자'에 대하여 반드시 참인 것이 아닌 것은?

- 유적지를 발굴하면, 유물도 발견되고 지층 구조도 분석한다.
- 유적지 위치를 정확히 파악하면, 유적지를 발굴한다.
- 유물은 발견되지 않았다.
- 유적지 발굴이 이루어지지 않았다면 고고학자는 행복하지 않다.

① 지층 구조는 분석되지 않았다.
② 유적지 위치를 정확히 파악하지 못했다.
③ 유적지 발굴이 이루어지지 않았다.
④ 고고학자는 행복하지 않다.

DAY 05

5. 다음은 사전의 일부이다. 이를 바탕으로 〈보기〉를 탐구한 내용으로 적절하지 않은 것은?

가 조
[1] (받침 없는 체언 뒤에 붙어)
  ① 어떤 상태나 상황에 놓인 대상, 또는 상태나 상황을 겪거나 일정한 동작을 하는 주체를 나타내는 격 조사.
  ② ('되다', '아니다' 앞에 쓰여) 바뀌게 되는 대상이나 부정(否定)하는 대상임을 나타내는 격 조사. 바뀌게 되는 대상을 나타낼 때는 대체로 조사 '로'로 바뀔 수 있다.
[2] (받침 없는 체언이나 부사어 뒤, 또는 연결 어미 '-지' 뒤에 붙어) 앞말을 지정하여 강조하는 뜻을 나타내는 보조사. 연결 어미 '-지' 뒤에 오는 '가'는 '를'이나 'ㄹ'로 바뀔 수 있으며, 흔히 뒤에는 부정적인 표현이 온다.

이 조
[1] (받침 있는 체언 뒤에 붙어)
  ① 어떤 상태를 보이는 대상이나 일정한 상태나 상황을 겪는 경험주 또는 일정한 동작의 주체임을 나타내는 격 조사.
  ② ('되다', '아니다' 앞에 쓰여) 바뀌게 되는 대상이나 부정(否定)하는 대상임을 나타내는 격 조사. 바뀌게 되는 대상을 나타낼 때의 '이'는 대체로 조사 '으로'로 바뀔 수 있다.
[2] ('-고 싶다' 구성에서 본동사의 목적어나 받침 있는 부사어 뒤에 붙어) 앞말을 지정하여 강조하는 뜻을 나타내는 보조사.

보기
- 어느새 연못 속의 ⓐ 올챙이가 ⓑ 개구리가 되었다.
- 아무리 청소를 해도 방이 ⓒ 깨끗하지가 않다.
- 그 넓던 갈대밭이 모두 ⓓ 뽕밭이 되었다.
- 나는 ⓔ 백두산이 제일 보고 싶다.

---

① ⓐ의 '가'와 ⓓ의 '이'는 '가[1]'과 '이[1]'을 통해 앞 체언의 받침 유무에 따라 선택된 격 조사임을 알 수 있군.
② ⓑ의 '가'는 조사 '로'로 바꾸어 쓸 수 있는 걸 보니, '가[1]②'를 통해 '되다' 앞에 쓰여 부정하는 대상임을 나타내는 격 조사임을 알 수 있군.
③ ⓒ의 '가'는 '를'로 바꾸어 쓸 수 있는 걸 보니, '가[2]'를 통해 앞말을 지정하여 강조하는 뜻을 나타내는 보조사임을 알 수 있군.
④ ⓓ의 '이'는 조사 '으로'로 바꾸어 쓸 수 있는 걸 보니, '이[1]②'를 통해 '되다' 앞에 쓰여 바뀌게 되는 대상을 나타내는 격 조사임을 알 수 있군.
⑤ ⓔ의 '이'는 '이[2]'를 통해 앞말을 지정하여 강조하는 뜻을 나타내는 보조사임을 알 수 있군.

MEMO

DAY 05 정답 및 해설   Week 2

DAY 05

| 1 ② | 2 ③ | 3 ④ | 4 ① | 5 ② |

1. ②

정답 분석

② 사그레도는 코페르니쿠스의 지동설을 옳은 견해로 인정하긴 하지만, 그 근거에 '항성의 시차에 관한 기하학적 예측'은 포함되지 않는다. 사그레도가 항성의 시차에 관한 기하학적 설명을 근거에 포함하지 않은 이유는 4문단에 제시된다.

오답 분석

① 4문단에 따르면, 심플리치오는 아리스토텔레스의 이론을 옹호하면서 지동설에 대한 반박 근거로 공전에 의한 항성의 시차가 관측되지 않음을 지적하였다.

③ 2문단을 바탕으로 사그레도가 행성의 겉보기 운동과 역행 운동을 근거로 코페르니쿠스의 지동설을 옹호했음을, 3문단을 바탕으로 살비아티가 코페르니쿠스의 이론이 행성의 겉보기 운동을 얼마나 간단하고 조화롭게 설명할 수 있는지를 보여 주며, 이 이론을 옹호했음을 확인할 수 있다.

④ 4문단에 따르면, 심플리치오는 항성의 시차가 관측되지 않음을 지적함으로써 지동설을 반박하였다.

2. ③

문항 명사수의 눈

지문을 읽기 전, 문제를 훑어보았다면 하나의 층과 그 층들이 쌓인 전체의 효율성이 나뉘고 있는 점을 파악하여 정보를 조금 더 쉽게 파악할 수 있었을 것이다. 지문을 먼저 읽는 방식으로 접근한다면 각 방식이 한 층을 구성하는 방법과 그 층을 쌓는 방법이 나뉘어 제시되고 있다는 점에서 실마리를 찾을 수 있었을 것이다. 이 지문에서 인접입방격자 방식과 단순입방격자 방식, 6각형격자 방식은 층을 쌓는 방법, 혹은 한 층을 구성하는 방법을 공유하고 있는데 이는 A와 B라는 두 변수만이 C라는 결과에 영향을 줄 때, 하나의 변수가 통제된 것과 같은 효과를 갖는다. 이를 활용하여 선지를 판단할 수 있도록 하자.

정답 분석

③ ㄱ. 3문단에 따르면 각각의 층은 인접입방격자 방식 같이 구성하되, 단순입방격자와 같은 형태로 층을 쌓는 6각형격자 방식의 효율성은 60%, 각각의 층도 단순입방격자 방식으로 쌓은 경우는 53%이다. 각각의 층의 효율성, 층을 쌓는 방식의 효율성으로 나누어 볼 때 6각형격자 방식과 단순입방격자 방식의 층을 쌓는 방식의 효율성은 고정되었다고 볼 수 있을 것이므로 하나의 층만을 따지면 인접입방격자 방식의 효율성이 단순입방격자의 그것보다 높다고 판단할 수 있다.

ㄴ. 3문단에 따르면 단순입방격자 방식에서 하나의 공은 수평면 상에서 네 개의 공과 접한다. 이 한 층이 쌓일 때에는 공의 중심이 같은 수직선 상에 놓이므로 위, 아래 하나씩의 공이 더 접할 것이다. 따라서 적절하다고 판단할 수 있다.

오답 분석

ㄷ. 3문단에 따르면 쌓는 방법을 단순입방격자 방식과 같이 하고 인접입방격자 방식으로 층을 구성한 6각형격자 방식의 효율성이 단순입방격자 방식보다 높으므로, 각 층의 효율성은 단순입방격자 방식이 6각형격자 방식보다 낮을 것이다.

3. ④

> **문항** 명사수의 눈
>
> 1문단에서 기존에는 발견되지 않았던 것이 발견되었기 때문에 전곡리 주먹도끼가 주목 대상이 된 것임을 잡아내었다면 전곡리 주먹도끼가 '당시 학계'를 지배하던 이론에 대한 반론이 될 것임을 잡아낼 수 있었을 것이고, 이를 통해 정답 선지는 비교적 쉽게 골라낼 수 있었을 것이다.

정답 분석

④ 1문단에 따르면 전곡리 주먹도끼가 세계 학자들의 주목 대상이 된 것은 그동안 동아시아에서는 찍개만 발견되었을 뿐, 전기 구석기의 대표적인 석기인 주먹도끼는 발견되지 않았기 때문이다. ㉠은 이 주먹도끼가 인도 동부에 있는 가상의 선인 모비우스 라인 동쪽으로는 발견되지 않았다는 것을 근거로, 동아시아를 찍개 문화권으로 규정하고 서쪽에 속하는 유럽 등에 비해 찍개를 사용하는 동아시아 등의 동쪽 지역은 지적·문화적인 발전 속도가 뒤떨어졌다 주장하는 이론이므로 모비우스 라인 동쪽으로 찍개 문화권이라 규정된 동아시아에서도 주먹도끼가 발견되면 더 이상 이론이 성립할 수 없게 되어 약화될 것이라고 판단할 수 있다.

오답 분석

① 3문단에 따르면 모비우스 학설은 가상의 모비우스 라인을 기준으로 지역을 주먹도끼 문화권과 찍개 문화권으로 나누고 후자가 지적·문화적 발전 속도가 뒤떨어진다고 주장하는 것이다. 지문 전체에서 지능과 두개골의 연관 관계가 제시되지 않은 점을 고려할 때, 해당 정보가 ㉠을 강화할 수 있다고 보기는 어렵다.

② 2문단에 따르면 형식적 조작기 수준의 인지 능력은 주먹도끼를 만들기 위해 갖추어야 할 조건이다. ㉠은 모비우스 라인이라는 가상의 선을 기준으로 동아시아 문화권을 찍개 문화권으로, 유럽 문화권을 주먹도끼 문화권으로 규정하고 전자가 후자에 비해 지, 문화적으로 뒤떨어진 발전 속도를 가졌다고 주장하는 이론으로, 주먹도끼가 동아시아에서는 발전하지 못하고, 유럽에서 자생한 것이 아니라 이를 만들 수 있는 동아시아의 인류가 유럽에 이동한 것이라면 동아시아의 지적·문화적 발전 속도가 유럽보다 느리다고 주장할 수 없어 주장이 강화되지 못하고 약화될 것이다.

③ 2문단에 따르면 계획과 실행을 할 수 있는 능력은 주먹도끼를 통해 확인할 수 있는 인류의 지적 능력으로, 주먹도끼를 만들기 위해 필요한 능력이다. 이런 능력이 동아시아의 인류에도 있었다면, 모비우스 라인이라는 가상의 라인을 기준으로 주먹도끼가 발견되지 않은 라인 동쪽 지역인 동아시아 지역이 서쪽 지역에 비해 지적 발전 속도가 뒤떨어졌다고 주장할 수 없게 되므로 ㉠은 강화되는 것이 아니라 약화될 것이다.

4. ①

정답 분석

① 유물이 발견되지 않았으면, 첫 번째 진술을 후건 부정에 적용할 수 있다. 그러므로 유적지 발굴이 이루어지지 않았다.(③번 참) 아울러, 유적지가 발굴되지 않았으면 두 번째 진술에 후건 부정이 적용될 수 있다. 그렇다면 유적지의 위치를 정확하게 파악하지 못했다.(②번 참) 나아가, 유적지 발굴이 이루어지지 않았으므로, 전건 긍정에 의해서 네 번째 진술이 적용되며 따라서 고고학자는 행복하지 않다.(④번 참) 그러나, 위의 진술들에 의해서 지층 구조가 분석되지 않았음을 타당하게 추론할 수는 없다.

5. ②

정답 분석

② '개구리가 되었다'에서 '개구리가'의 '가'를 '로'로 바꾸어 쓸 수 있는 것은 맞다. 그러나 이때의 '가'는 '되다' 앞에 쓰여 '바뀌게 되는' 대상을 나타내는 보격 조사이지, '부정하는' 대상을 가리키는 기능을 하지는 않는다.

오답 분석

① ⓐ의 '가'는 주격 조사이고, ⓓ의 '이'는 보격 조사이다. 본문에 따르면 주격 조사(가[1]①/이[1]①), 보격 조사(가[1]②/이[1]②)는 모두 앞 받침 유무에 따라 선택됨을 알 수 있다.

③ '방이 깨끗하질 않아.'라고 표현할 수 있고, 해당 부분은 앞말을 지정하여 강조하는 뜻을 드러내는 보조사로 볼 수 있다.

④ '으로'로 바뀌면 대신 문장 성분이 부사어가 된다는 것도 알아 두자.

⑤ 내가 백두산을 보고 싶어하는 것이니, 격 조사 대신 쓰인 보조사라고 생각하면 된다.

국어
치열하게
독하게

2026 공무원 데일리 유대종 시즌 1

WEEK 3

DAY 01

[1] 다음 글을 읽고 물음에 답하시오.

고대에는 별이 뜨고 지는 것을 통해 방위를 파악했다. 최근까지 서태평양 캐롤라인 제도의 주민은 현대식 항해 장치 없이도 방위를 파악하여 카누 하나만으로 드넓은 열대 바다를 항해하였다. 인류학자들에 따르면, 그들은 별을 나침반처럼 이용하여 여러 섬을 찾아다녔고 이때의 방위는 북쪽의 북극성, 남쪽의 남십자성, 그 밖에 특별히 선정한 별이 뜨고 지는 것에 따라 정해졌다.

캐롤라인 제도는 적도의 북쪽에 있어서 그 주민들은 북쪽 수평선의 바로 위쪽에서 북극성을 볼 수 있다. 북극성은 천구의 북극점으로부터 매우 가까운 거리에서 작은 원을 그리며 공전한다. 천구의 북극점은 지구 자전축의 북쪽 연장선상에 있기 때문에 천구의 북극점에 있는 별은 공전을 하지 않고 정지된 것처럼 보인다. 이처럼 천구의 북극점에 있는 별을 제외하고 북극성을 포함한 별이 천구의 북극점을 중심으로 공전하는 것처럼 보이는 것은 지구가 자전하기 때문이다.

캐롤라인 제도의 주민이 북쪽을 찾기 위해 이용했던 북극성은 자기(磁氣) 나침반보다 더 정확하게 천구의 북극점을 가리킨다. 이는 나침반의 바늘이 지구의 자전축으로부터 거리가 멀리 떨어져 있는 지구자기의 북극점을 향하기 때문이다. 또한 천구의 남극점 근처에서 쉽게 관측할 수 있는 고정된 별은 없으므로 캐롤라인 제도의 주민은 남극점 자체를 볼 수 없다. 그러나 남십자성이 천구의 남극점 주위를 돌고 있으므로 남쪽을 파악하는 데는 큰 어려움이 없다.

1. 윗글에서 알 수 없는 것은?

① 고대에 사용되었던 방위 파악 방법 중에는 최근까지 이용된 것도 있다.
② 캐롤라인 제도의 주민은 밤하늘에 있는 남십자성을 이용하여 남쪽을 알아낼 수 있었다.
③ 지구 자전축의 연장선상에 별이 있다면, 밤하늘을 보았을 때 그 별은 정지된 것처럼 보인다.
④ 자기 나침반을 이용하면 북극성을 이용할 때보다 더 정확히 천구의 북극점을 찾을 수 있다.

[2] 다음 글을 읽고 물음에 답하시오.

　푄 현상은 바람이 높은 산을 넘을 때 고온 건조하게 변하는 것을 가리킨다. 공기가 상승하게 되면 기압이 낮아져 공기가 팽창하는 단열팽창 현상 때문에 공기 온도가 내려간다. 공기가 상승할 때 고도에 따른 온도 하강률을 기온감률이라 한다. 공기는 수증기를 포함하고 있는데, 공기가 최대한 가질 수 있는 수증기량은 온도가 내려갈수록 줄어들고, 공기의 수증기가 포화상태에 이르는 온도인 이슬점 온도보다 더 낮은 온도에서는 수증기가 응결하여 구름이 생성되거나 비가 내리게 된다. 공기의 수증기가 포화상태일 경우에는 습윤 기온감률이 적용되고, 불포화상태일 경우에는 건조 기온감률이 적용되는데, 건조 기온감률은 습윤 기온감률에 비해 고도 차이에 따라 온도가 더 크게 변한다. 이러한 기온감률의 차이 때문에 푄 현상이 발생하는 것이다.
　가령, 높은 산이 있는 지역의 해수면 고도에서부터 어떤 공기 덩어리가 이 산을 넘는다고 할 때, 이 공기의 온도는 건조 기온감률에 따라 내려가다가 공기가 일정 높이까지 상승하여 온도가 이슬점 온도에 도달한 후에는 공기 내 수증기가 포화하면 습윤 기온감률에 따라 온도가 내려간다. 공기의 상승 과정에서 공기 속 수증기는 구름을 형성하거나 비를 내리며 소모되고, 이는 산 정상에 이를 때까지 계속된다. 이 공기가 산을 넘어 건너편 사면을 타고 하강할 때는 공기가 건조하기 때문에 건조 기온감률에 따라 온도가 올라가게 된다. 따라서 산을 넘은 공기가 다시 해수면 고도에 도달하면 산을 넘기 전보다 더 뜨겁고 건조해진다. 이 건조한 공기가 푄 현상의 결과물이다.
　우리나라에도 대표적인 푄 현상으로 높새바람이 있다. 이는 강원도 영동지방에 부는 북동풍과 같은 동풍류의 바람에 의해 푄 현상이 일어나 영서지방에 고온 건조한 바람이 부는 것을 의미한다. 늦은 봄에서 초여름에 한랭 다습한 오호츠크해 고기압에서 불어오는 북동풍이 태백산맥을 넘을 때 푄 현상을 일으키게 된다. 이 높새바람의 고온 건조한 성질은 영서지방의 농작물에 피해를 주기도 하고 산불을 일으키기도 한다.

2. 윗글에서 추론할 수 있는 것으로 적절한 것은?

① 공기가 상승하여 공기의 온도가 이슬점 온도에 도달한 이후부터는 공기가 상승할수록 공기 내 수증기량은 줄어든다.
② 공기가 상승할 때 공기의 온도가 이슬점 온도에 도달하는 고도는 공기 내 수증기량과 상관없이 일정하다.
③ 높새바람을 따라 이동한 공기 덩어리가 지닌 수증기량은 이동하기 전보다 증가한다.
④ 공기 내 수증기량이 증가하면 습윤 기온감률이 적용되기 시작하는 고도가 높아진다.

DAY 01

Week 3

[3] 다음 글을 읽고 물음에 답하시오.

유교 전통에서는 이상적 정치가 군주 개인의 윤리적 실천에 의해 실현된다고 보았을 뿐 윤리와 구별되는 정치 그 자체의 독자적 영역을 설정하지는 않았다. 달리 말하면 유교 전통에서는 통치자의 윤리만을 문제 삼았을 뿐, 갈등하는 세력들 간의 공존을 위한 정치나 정치제도에는 관심을 두지 않았다. 유교 전통의 이런 측면은 동아시아에서의 민주주의의 실현 가능성을 제한하였다.

'조화(調和)'를 이상으로 생각하는 유교의 전통 또한 차이와 갈등을 긍정하는 서구의 민주주의 정치 전통과는 거리가 있다. 유교 전통에 따르면, 인간의 행위와 사회 제도는 모두 자연의 운행처럼 조화를 이루어야 한다. 조화를 이루지 못하는 것은 근본적으로 그릇된 것이기 때문에 모든 것은 계절이 자연스럽게 변화하듯 조화를 실현해야 한다. 그러나 서구의 개인주의적 맥락에서 보자면 정치란 서로 다른 개인들 간의 갈등을 조정하는 제도적 장치를 마련하는 과정이었다. 그 결과 서구의 민주주의 사회에서는 다양한 정치적 입장들이 독자적인 형태를 취하면서 경쟁하며 공존할 수 있었다.

물론 유교 전통 하에서도 다양한 정치적 입장들이 존재했다고 주장할 수 있다. 군주 절대권이 인정되었다고 해도, 실질적 국가운영을 맡았던 것은 문사(文士) 계층이었고 이들은 다양한 정치적 견해를 군주에게 전달할 수 있었다. 문사 계층은 윤리적 덕목을 군주가 실천하도록 함으로써 갈등 자체가 발생하지 않도록 힘썼다. 또한 이들은 유교 윤리에서 벗어난 군주의 그릇된 행위를 비판하기도 하였다. 그렇다고 하더라도 이들이 서구의 계몽사상가들처럼 기존의 유교적 질서와 다른 정치적 대안을 제시할 수는 없었다. 이들에게 정치는 윤리와 구별되는 독자적 영역으로 인식되지 못하였다.

3. 윗글의 내용과 부합하는 것은?

① 유교 전통에서 사회적 갈등을 원활히 관리하지 못하는 군주는 교체될 수 있었다.
② 유교 전통에서 문사 계층은 기존 유교적 질서와 다른 정치적 대안을 제시하지는 못했다.
③ 조화를 강조하는 유교 전통에서는 서구의 민주주의와 다른 새로운 유형의 민주주의가 등장하였다.
④ 유교 전통에서는 조화의 이상에 따라 군주의 주도로 갈등하는 세력이 공존하는 정치가 유지될 수 있었다.

4. 먼 은하계에 X, 알파, 베타, 감마, 델타 다섯 행성이 있다. X 행성은 매우 호전적이어서 기회만 있으면 다른 행성을 식민지화하고자 한다. 다음 진술이 참이라고 할 때, X 행성이 침공할 행성을 모두 고르면?

> ㄱ. X 행성은 델타 행성을 침공하지 않는다.
> ㄴ. X 행성은 베타 행성을 침공하거나 델타 행성을 침공한다.
> ㄷ. X 행성이 감마 행성을 침공하지 않는다면 알파행성을 침공한다.
> ㄹ. X 행성이 베타 행성을 침공한다면 감마 행성을 침공하지 않는다.

① 베타 행성
② 감마 행성
③ 알파와 베타 행성
④ 알파와 감마 행성

5. 〈보기〉는 문법 수업의 일부이다. 선생님의 설명에 따라 밑줄 친 단어를 이해한 내용으로 적절하지 않은 것은?

> **보기**
> 선생님 : 관형사는 체언을 꾸며 주는 품사로 뒤에 오는 체언의 성질이나 상태를 분명하게 해 주는 성상 관형사, 구체적인 대상을 지시해 주는 지시 관형사, 수량을 나타내는 수 관형사로 구분할 수 있습니다. 이러한 관형사는 형태가 변하지 않고 어떤 조사와도 결합하지 않는 특징이 있습니다.
>
> ㄱ. <u>이</u> 상점, <u>두</u> 곳에서는 <u>헌</u> 물건을 판다.
> ㄴ. 우리 <u>다섯</u>이 <u>새로</u> 산 구슬을 나눠 가지자.
> ㄷ. 나는 오늘 어머니께 드릴 <u>새</u> 옷 <u>한</u> 벌을 샀다.

① ㄱ에서 '이'는 '상점'을 꾸며 주는 지시 관형사이다.
② ㄱ에서 '헌'은 체언인 '물건'의 상태를 드러내 준다.
③ ㄴ의 '다섯'은 조사와 결합하는 것을 보니 관형사가 아니다.
④ ㄱ의 '두'와 ㄷ의 '한'은 수량을 나타내는 수 관형사이다.
⑤ ㄴ의 '새로'와 ㄷ의 '새'는 형태가 변하지 않는 성상 관형사이다.

DAY 01 정답 및 해설   Week 3

DAY 01

| 1 ④ | 2 ① | 3 ② | 4 ③ | 5 ⑤ |

1. ④

정답 분석

④ 3문단에 따르면, 캐롤라인 제도의 주민이 북쪽을 찾기 위해 이용했던 북극성은 자기 나침반보다 더 정확하게 천구의 북극점을 가리킨다.

오답 분석

① 1문단에 따르면, '최근'까지 서태평양 캐롤라인 제도의 주민은 현대식 항해 장치 없이 방위를 파악한다. 이 방위 파악 방법은 '별이 뜨고 지는 것'을 활용한 것으로, 고대부터 사용된 것이다.

② 3문단에 따르면, 캐롤라인 제도의 주민은 남극점 자체를 볼 수는 없지만, 남극점 주위를 돌고 있는 남십자성을 통해 남쪽을 파악하는 데 큰 어려움은 없다.

③ 2문단에 따르면, 천구의 북극점은 지구 자전축의 북쪽 연장선상에 있기 때문에 천구의 북극점에 있는 별은 공전을 하지 않고 정지된 것처럼 보인다.

2. ①

> **문항** 명사수의 눈
>
> 공기 상태가 변화하는 상승과 하강이라는 분기점이 존재한다는 점을 파악하고, 그 전후의 양상을 파악하는 것이 중요한 문제이다. 상승 과정에 있는 공기 덩어리와 상승 과정을 거치고 하강하는 공기 덩어리는 결국 같은 공기 덩어리이므로, 하강 과정에서 나타나는 특성은 상승 과정에 제시된 과정의 결과가 된다. 두 과정을 유기적으로 연결해 볼 수 있도록 하자.

정답 분석

① 1문단에 따르면 공기가 상승하면 공기의 온도는 내려가고, 공기의 온도가 수증기가 포화상태에 이르는 온도인 이슬점보다 낮아지면 수증기가 응결해 구름이 생성되거나 비가 내리게 된다. 이를 통해 2문단에서 공기가 상승하여 이슬점 온도에 도달한 후에는 공기 속 수증기가 구름을 형성하거나 비를 내리며 소모되고, 이로 인해 공기가 건조해짐을 알 수 있다. 따라서 공기가 상승하여 공기의 온도가 이슬점 온도에 도달한 이후부터는 공기가 상승할수록 공기 내 수증기량이 줄어들 것이라고 판단할 수 있다.

오답 분석

② 1문단에 따르면 공기가 최대한 가질 수 있는 수증기량은 온도가 내려갈수록 줄어든다. 따라서 만약 공기의 수증기량이 적다면 적은 수증기량으로 포화상태가 되기 위해 공기의 온도가 더 많이 내려가야 한다. 이때 수증기가 포화상태에 이르는 온도가 바로 이슬점 온도이다. 공기는 상승하게 되면 그 온도가 내려가므로, 적은 수증기량을 가진 공기가 이슬점 온도에 도달하기 위해서는 더 높은 고도로 공기가 상승하여 더 많은 온도가 떨어져야 할 것이다. 즉, 공기 내 수증기량에 따라 이슬점 온도에 도달하는 고도는 달라질 것이다.

③ 2문단에 따르면 공기가 산을 넘어 하강하면 뜨겁고 건조해지며, 이는 푄 현상의 결과물이다. 3문단에 따르면 높새바람은 우리나라의 대표적인 푄 현상이므로, 수증기량은 증가하는 것이 아니라 감소할 것이다.

④ 1문단에 따르면 공기의 수증기가 포화상태일 경우에는 습윤 기온감률이 적용되므로, 습윤 기온감률이 적용되기 시작하는 고도는 공기의 수증기가 포화상태에 이르는 고도를 의미한다고 판단할 수 있다. 공기가 최대한 가질 수 있는 수증기량은 온도가 낮아짐에 따라 줄어들므로, 공기 내 수증기량이 증가하면 수증기가 포화상태에 이르는 온도가 상대적으로 높아질 것이다. 공기는 상승할 때 고도에 따라 그 온도가 내려가므로, 공기 내 수증기량이 증가하면 더 적은 고도에서 포화상태에 이르게 될 것이다.

국어 치열하게 독하게

3. ②

정답 분석

② 3문단에 따르면, 문사 계층은 서구의 계몽사상가들처럼 기존의 윤리적 질서와 다른 정치적 대안을 제시할 수는 없었다.

오답 분석

① 3문단에 따르면, 문사 계층은 유교 윤리를 벗어난 군주의 그릇된 행위를 비판하였다. 그러나 지문 내용만을 바탕으로 유교 전통에서 사회적 갈등을 원활히 관리하지 못하는 군주가 '교체될' 수 있었는지는 알 수 없다.

③ 1문단에 따르면, 유교 전통은 동아시아에서의 민주주의의 실현 가능성을 제한하였다. 한편, 지문에서 '새로운 유형의 민주주의'의 가능성을 상정할 수 있는 정보는 존재하지 않으므로 적절하지 않다.

④ 3문단에 따르면, 문사 계층은 윤리적 덕목을 군주가 실천하도록 함으로써 갈등 자체가 발생하지 않도록 힘썼다. 갈등하는 세력이 공존하는 정치 체제는 서구의 민주주의 사회에서 찾을 수 있다.

4. ③

정답 분석

③ 가장 확실한 것부터 챙기자. 델타 행성은 침공하지 않는다. 그렇다면 선언지 제거법에 의해서 베타 행성을 침공하게 된다.(ㄴ) 그렇다면 (ㄹ)에 의해서 감마 행성을 침공하지 않았고(전건 긍정), 감마 행성을 침공하지 않는다면 (ㄷ)에 의해서 알파 행성을 침공한다.(전건 긍정) 그러므로 답은 ③번이다.

5. ⑤

정답 분석

⑤ ㄴ의 '새로'는 동사 '사다'의 활용형인 '산'을 꾸며 주는 부사이므로 적절하지 않다.

오답 분석

① ㄱ에서 '이'는 뒤에 오는 체언인 명사 '상점'을 꾸며 주는 지시 관형사이므로 적절하다.

② ㄱ에서 '헌'은 뒤에 오는 체언인 명사 '물건'의 상태를 드러내 주는 성상 관형사이므로 적절하다.

③ ㄴ의 '다섯'은 수사로 주격 조사 '이'와 결합하고 있으므로 적절하다.

④ ㄱ의 '두'는 뒤에 오는 체언인 의존 명사 '곳'을 수식하고, ㄷ의 '한'은 뒤에 오는 체언인 의존 명사 '벌'을 수식하는 수 관형사이므로 적절하다.

DAY 02

[1] 다음 글을 읽고 물음에 답하시오.

묵자(墨子)의 '겸애(兼愛)'는 '차별이 없는 사랑' 그리고 '서로 간의 사랑'을 의미한다. 얼핏 묵자의 이런 겸애는 모든 사람이 평등한 지위에서 서로를 존중하고 사랑하는 관계를 뜻하는 듯 보이지만, 이는 겸애를 잘못 이해한 것이다. 겸애는 "남의 부모를 나의 부모처럼 여기고, 남의 집안을 내 집안처럼 여기고, 남의 국가를 나의 국가처럼 여기는 것"이다. 그것은 '나'와 '남'이라는 관점의 차별을 지양하자는 것이지 사회적 위계질서를 철폐하자는 것이 아니다. 겸애는 정치적 질서나 위계적 구조를 긍정한다는 특징을 지니고 있다. 이런 의미에서 묵자의 겸애는 평등한 사랑이라기보다 불평등한 위계질서 속에서의 사랑이라고 규정할 수 있다.

또 겸애의 개념에는 일종의 공리주의적 요소가 들어있다. 즉 묵자에게 있어 누군가를 사랑한다는 것은 그 사람을 현실적으로 이롭게 하겠다는 의지를 함축한다. 겸애는 단지 아끼고 사랑하는 마음이나 감정을 넘어선다. 묵자가 살았던 전국시대에 민중의 삶은 고통 그 자체였다. 묵자는 "굶주린 자가 먹을 것을 얻지 못하고, 추운 자가 옷을 얻지 못하며, 수고하는 자가 휴식을 얻지 못하는 것, 이 세 가지가 백성들의 커다란 어려움이다."라고 했다. 군주의 겸애는 백성을 향한 사랑의 마음만으로 결코 완성될 수 없다. 군주는 굶주린 백성에게 먹을 것을 주어야 하고, 추운 자에게 옷을 주어야 하며, 노동이나 병역으로 지친 자는 쉬게 해 주어야 한다. 이처럼 백성에게 요긴한 이익을 베풀 수 있는 사람이 바로 군주다. 이런 까닭에 묵자는 "윗사람을 높이 받들고 따라야 한다."는 이념을 세울 수 있었다. 군주는 그런 이익을 베풀 수 있는 재력과 힘을 지니고 있었기 때문이다.

1. 윗글의 내용과 부합하는 것을 <보기>에서 모두 고르면?

보기

ㄱ. 이웃의 부모를 자기 부모처럼 여기는 것은 겸애이다.
ㄴ. 묵자의 겸애에는 상대방에게 실질적인 이익을 베푸는 것이 함축되어 있다.
ㄷ. 겸애는 군주와 백성이 서로를 사랑하고 섬기게 함으로써 만민평등이라는 이념의 실현을 촉진한다.

① ㄱ   ② ㄴ
③ ㄱ, ㄴ   ④ ㄱ, ㄷ

[2] 다음 글을 읽고 물음에 답하시오.

항공기 결빙은 기체에 달라붙으므로 착빙(着氷)이라고 부른다. 착빙은 기체 착빙과 기관 착빙으로 나뉜다. 먼저 기체에 달라붙는 착빙으로는 서리 착빙(frost icing)이 있다. 이는 활주로에 주기 중인 항공기에 잘 발생하며, 맑은 날 복사냉각에 의해 공기 온도가 0℃ 이하로 냉각될 때 항공기 기체에 접촉된 수증기가 승화해서 만들어지는 것이다. 서리가 내리는 것과 같은 원리다. 이 외에 비행 중에도 서리 착빙이 발생하기도 한다. 이는 빙점 이하의 아주 저온인 기층에서 비행해 온 항공기가 급격히 고온다습한 공기층으로 비행할 때 발생한다. 서리 착빙은 새털 모양의 부드러운 얼음의 피막 형태로 가벼우며 얼음의 중량은 문제되지 않는다. 그러나 서리가 붙은 그대로 이륙하면 공기흐름이 흐트러져 이륙 속도에 도달할 수 없게 될 수도 있다. 다음으로 거친 착빙(rime icing)이 있다. 거친 착빙은 저온인 작은 입자의 과냉각 물방울이 충돌했을 때 생기며, 수빙(樹氷)이라고도 한다. 거친 착빙은 물방울이나 과냉각 물방울이 많은 −20℃~0℃의 기온에서 주로 발생하며 날개 등 항공기 기체 첨단부의 풍상 측에서 잘 발생한다. 다음으로 맑은 착빙(clear icing)이 있다. 거친 착빙에 비해서 비교적 온도가 높은 −10℃~0℃의 기온에서 큰 입자의 과냉각 물방울이 충돌할 때 발생한다. 항공기가 눈, 싸락눈, 작은 우박 등 고체 강수가 섞인 0℃ 이하의 비 또는 물방울로 된 구름을 통과할 때 생기기도 한다. 그래서 우빙(雨氷)이라고도 부른다. 이 착빙은 항공기의 표면에 굳게 붙어 있으므로 매우 위험하다. 마지막으로 혼합 착빙이 있다. 맑은 착빙과 거친 착빙의 혼합형으로 온도가 −15℃~−10℃사이인 적운형 구름 속에서 자주 발생한다. 한편, 기체가 아닌 기관 내부에 결빙이 일어나는 것을 기관 착빙이라고 한다. 기관 착빙은 공기 흡입구나 기화기의 내부에서 연료의 증발이나 공기의 가속에 의한 단열냉각의 결과로 일어난다. 따라서 구름이나 강수 속을 비행할 경우뿐만 아니라, 구름이 없는 공간을 비행하고 있을 때도 발생할 수 있다.

2. 윗글에서 추론할 수 있는 것으로 적절하지 않은 것을 〈보기〉에서 모두 고른 것은?

보기

ㄱ. −5℃에서 착빙이 발생한다면 맑은 착빙일 것이다.
ㄴ. 항공기 기체에 달라붙은 서리가 이륙 시 문제를 일으킬 수도 있다.
ㄷ. 구름이 없는 공간을 비행하고 있을 때 발생하는 착빙은 기체 착빙이다.
ㄹ. 수빙(樹氷)과 우빙(雨氷)이 혼합된 착빙은 온도가 −15℃~−10℃ 사이인 적운형 구름 속에서 자주 발생한다.

① ㄱ, ㄷ　　② ㄱ, ㄹ
③ ㄴ, ㄷ　　④ ㄴ, ㄹ

[3] 다음 글을 읽고 물음에 답하시오.

　18세기 양대 시민혁명인 미국혁명과 프랑스혁명에 직·간접적으로 크게 영향을 미친 시민사상은 존 로크의 정치 사상이다. 로크는 명예혁명을 이론적으로 옹호하기 위해 『시민 정부론』을 썼다. 이 책의 전반부에서 로크는 구세력인 왕당파의 정치 이론인 왕권신수설과 가족국가관을 논박하고 있다. 동서양을 막론하고 왕의 지배권은 신이 내린 것으로 여겨졌는데, 이는 지배를 정당화하는 수단이 되었고 동시에 왕에게 신성성을 부여했다. 또한 왕을 가장에 비유하여 어버이의 모습으로 내세움으로써 신민을 복종시켰고, 권력 기구로서의 국가의 속성을 은폐했다. 로크는 이와 같은 종래 왕당파의 낡은 왕권 신격화 이론과 가부장제 사상을 부정했다.
　책의 후반부는 왕권과 국가라는 권력기구가 왜 만들어졌는가, 그리고 어떠해야 하는가에 대해 쓰고 있다. 로크는 국가가 생겨나기 이전의 상태를 자연 상태라고 했다. 인간은 사교성이 있어서 서로 협조할 수 있으며, 이성을 지녀서 자연법을 인식할 수 있다. 실정법이 만들어지기 이전의 자연법은 생명, 자유 및 재산에 대한 권리인 천부인권을 내용으로 한다. 자연 상태에서 각 개인은 이 자연법의 질서에 따라 권리를 누려 왔다. 그런데 사회가 점점 복잡해지고 분업화 되었다. 이 과정에서 화폐의 유통을 통해 많은 재물을 축적한 사람들과 그렇지 못한 사람들이 나누어지면서 갈등이 생겨나게 되었다. 이 갈등은 각자의 선의로 해결될 수 없기 때문에 사람들은 사회계약을 통해 권력기구를 만들기로 합의한다. 이렇게 만들어진 권력기구는 입법권을 담당하는 국회와 집행권을 담당하는 왕으로 구성된다. 이 권력기구의 목적은 신민의 자연권인 천부인권 보장에 있으므로, 만일 정부권력자가 본래의 약속을 어기고 신민의 인권을 침해·유린하면 신민들은 저항권을 행사하여 새로운 정부를 수립할 수 있다.

3. 윗글을 통해 알 수 있는 로크의 견해가 아닌 것은?

① 왕은 신성한 사람이 아니며, 신은 왕에게 통치권을 부여하지 않았다.
② 신민들의 자발적인 합의로 구성된 권력기구라 하더라도 해체될 수 있다.
③ 인간은 자연 상태에서 자유를 지키기 위해 분업화와 분권화를 추진했다.
④ 실정법이 만들어지기 이전에 인간은 자연법에 따라 천부인권을 누릴 수 있었다.

4. 다음 진술이 모두 참일 때 반드시 참인 것은?

> ○ 오 주무관이 회의에 참석하면, 박 주무관도 참석한다.
> ○ 박 주무관이 회의에 참석하면, 홍 주무관도 참석한다.
> ○ 홍 주무관이 회의에 참석하지 않으면, 공 주무관도 참석하지 않는다.

① 공 주무관이 회의에 참석하면, 박 주무관도 참석한다.
② 오 주무관이 회의에 참석하면, 홍 주무관은 참석하지 않는다.
③ 박 주무관이 회의에 참석하지 않으면, 공 주무관은 참석한다.
④ 홍 주무관이 회의에 참석하지 않으면, 오 주무관도 참석하지 않는다.

5. ㉠의 예로 적절한 것은?

> **보기**
> 국어에서 접미사 '-적(的)'이 결합한 말은 명사와 관형사로 쓰이는 것이 보통이지만 부사로 쓰이는 경우도 있다.
> - **명사** : 백화점은 **일반적**으로 시장보다 값이 비싸다.
> - **관형사** : **일방적** 의견만 제시하는 것은 토론이 아니다.
> - **부사** : ㉠

① 이번 일은 비교적 쉽다.
② 이런 태도는 비상식적이다.
③ 이 제품은 기술적 결함이 있다.
④ 오늘은 전국적으로 비가 내린다.
⑤ 갈등을 평화적 방법으로 해결하자.

DAY 02 정답 및 해설

Week 3

DAY 02

| 1 ③ | 2 ① | 3 ③ | 4 ④ | 5 ① |

1. ③

정답 분석

③ ㄱ. 1문단에서 겸애는 "남의 부모를 나의 부모처럼 여기"는 것이라고 언급한 바 있다. 따라서 적절하다.

ㄴ. 2문단에서 따르면, 묵자에게 있어서 누군가를 사랑한다는 것은 그 사람을 현실적으로 이롭게 하겠다는 의지를 함축한다. 이를 바탕으로 할 때, 묵자의 겸애에는 상대방에게 실질적인 이익을 베푸는 것이 함축되어 있다고 진술할 수 있다.

오답 분석

ㄷ. 1문단에 따르면 묵자의 겸애는 '나'와 '남'이라는 관점의 차별을 지양하자는 것이지, 사회적 위계질서를 철폐하자는 것이 아니다. '평등한 사랑이라기보다 불평등한 위계질서 속에서의 사랑'으로 규정되는 묵자의 겸애를 '만민평등'의 이념 실현 촉진과 연결시킬 수는 없다. '불평등한 위계질서'의 존재와 '만민평등'은 양립할 수 없기 때문이다. 따라서 적절하지 않다.

2. ①

> **문항** 명사수의 눈
>
> 동어 제시, 계열적 분류를 파악할 수 있었다면 판단이 용이했을 것이다. 이 지문에서는 특히 '~이라고도 한다.'며 동어를 직접적으로 적시해 주고 있으므로 이를 잘 체크해 둘 수 있었다면 ㄹ 판단이 용이했을 것이다. 또한 이 지문에서는 착빙을 기체 착빙과 기관 착빙으로 크게 나눈 뒤, 기체 착빙의 구체적인 사례를 제시하고 있는데 이 구조를 파악할 수 있었다면 ㄴ, ㄷ 선지 파악에 유용하게 활용할 수 있었을 것이다. 또한 범위가 제시되는 경우에는 두 범위가 겹치는 지점에서 확정이 어렵다는 점을 주지하도록 하자. 두 범위가 겹치는 지점에 값이 있다면 이 값이 두 범위 중 어떤 것에 해당하는 것인지 확정하기 위해 추가적인 조건이 필요하다.

정답 분석

① ㄱ. 지문에 따르면 거친 착빙은 -20°C ~ 0°C, 맑은 착빙은 -10°C ~ 0°C 영역에서 주로 발생한다. -5°C는 이 두 범위 모두에 속하는 온도로 지문에서 제시된 정보로 맑은 착빙이 발생했다고 확정지을 수 없으므로 적절하다고 볼 수 없다.

ㄷ. 지문에 따르면 기체 착빙에 속하는 맑은 착빙은 비 또는 물방울로 된 구름을 통과할 때 생긴다. 구름이 없는 공간을 비행하고 있을 때도 착빙이 발생할 수 있는 것은 기관 착빙이다.

오답 분석

ㄴ. 지문에 따르면 서리 착빙은 기체 착빙의 일종으로 얼음의 중량은 문제가 되지 않지만, 서리가 붙은 그대로 이륙하면 공기흐름이 흐트러지면서 이륙 속도에 도달할 수 없게 될 수도 있다고 제시되고 있으므로 적절하다고 판단할 수 있다.

ㄹ. 지문에 따르면 수빙은 거친 착빙을, 우빙은 맑은 착빙을 달리 부르는 말이고 이 둘이 혼합된 착빙인 혼합 착빙은 -15°C ~ -10°C 사이인 적운형 구름 속에서 자주 발생하므로 적절하다고 판단할 수 있다.

국어 치열하게 독하게

3. ③

정답 분석

③ 2문단에서, 로크에 따르면 자연 상태에서 자연법의 질서에 따라 권리를 누려온 개인은 사회가 점차 복잡해지고 분업화되는 과정에서 갈등이 생김에 따라 사회계약을 체결하였다. 선지의 진술처럼, '자유를 지키고자' 하는 목적 하에서 의도적으로 분업화가 '추진'되었다는 것은 로크의 견해로 볼 수 없다.

오답 분석

① 로크는 '왕권신수설'을 부정했는데, 1문단에 제시된 내용을 바탕으로 '왕권신수설'은 왕의 지배권은 신이 내린 것으로 여기며 왕에게 신성성을 부여하는 이론으로 이해할 수 있다. 따라서 로크는 왕은 신성한 사람이 아니며, 신이 왕에게 통치권을 부여하지 않았다고 생각했을 것임을 알 수 있다.
② 지문의 마지막 문장에 따르면 신민들은 저항권을 행사하고 새로운 정부를 수립할 수 있다. 이를 바탕으로 선지의 적절함을 판정할 수 있다.
④ 2문단에 따르면 실정법이 만들어지기 전에 인간은 생명, 자유 및 재산에 대한 권리인 천부인권을 내용으로 하는 자연법의 질서에 따라 권리를 누려왔다. 이를 통해 선지의 적절함을 판정할 수 있다.

4. ④

정답 분석

④ 오 주무관이 회의에 참석하면, 박 주무관도, 홍 주무관도 참석하게 된다.(오 ⇒ 박 ⇒ 홍) 그러므로 오 주무관이 회의에 참석하면, 홍 주무관도 참석할 것이다. 이것의 대우에 따라, 홍 주무관이 참석하지 않으면 오 주무관도 회의에 참석하지 않는다.(~홍 ⇒ ~박 ⇒ ~오)

오답 분석

① 홍 주무관이 회의에 참석하지 않으면, 공 주무관도 참석하지 않으므로(~홍 ⇒ ~공) 대우를 취하면 공 주무관이 회의에 참석했다는 것은 홍 주무관도 회의에 참석했다는 것이다.(공 ⇒ 홍) 그런데 박 주무관이 회의에 참석하면 홍 주무관도 참석한다는 것(박 → 홍)이 역(홍 → 박)으로서 반드시 옳다고 할 수 없다. 결국 공 주무관이 회의에 참석하면 홍 주무관 역시 회의에 참석하지만, 박 주무관 역시 참석하는지는 반드시 참이 아니다.
② 오 주무관이 회의에 참석하면, 박 주무관도 참석한다. 그런데 두 번째 진술에 의해 박 주무관이 회의에 참석하면 홍 주무관도 참석해야 하므로 거짓이다.(오 ⇒ 박 ⇒ 홍)
③ 박 주무관이 회의에 참석하지 않으면, 오 주무관도 참석하지 않는 것일 뿐, 공 주무관의 참석이 반드시 참인 것은 아니다.

5. ①

정답 분석

① 접미사 '-적(的)'이 결합한 말이 부사로 쓰이려면, 그 말은 서술어를 수식한다. '이번 일은 비교적 쉽다.'에서 '비교적'은 서술어 '쉽다'를 수식하고 있으므로 부사이다.

오답 분석

② '이런 태도는 비상식적이다.'에서 '비상식적'은 그 뒤에 서술격 조사 '이다'가 결합되어 있으므로 명사이다.
③ '이 제품은 기술적 결함이 있다.'에서 '기술적'은 명사 '결함'을 수식하고 있으므로 관형사이다.
④ '오늘은 전국적으로 비가 내린다.'에서 '전국적'은 그 뒤에 부사격 조사 '으로'가 결합되어 있으므로 명사이다.
⑤ '갈등을 평화적 방법으로 해결하자.'에서 '평화적'은 명사 '방법'을 수식하고 있으므로 관형사이다.

DAY 03 — Week 3

[1] 다음 글을 읽고 물음에 답하시오.

(가) 어떤 개인이 얼마나 사교적인가(social)를 테스트해 보기 위하여 뉴욕 맨해튼의 전화번호부에서 뽑은 248개의 성(姓) 목록을 주고 그러한 성씨를 갖는 사람을 몇 명이나 알고 있는지 점수를 매겨보는 실험을 수행하였다. 실험은 하나의 성에 대해 복수의 사람을 생각해도 좋은데, 말하자면 리스트에 있는 존스(Jones)라는 성을 가진 사람을 3명 알고 있다면 3점이 추가되는 것이다. 최근에 이민 온 20대 초반 학생들이 대부분인 맨해튼 시립대학 학생들에게 테스트해 본 결과 평균 점수는 21점이었다. 달리 말하면, 그들은 리스트에 있는 성씨의 사람을 평균적으로 21명 정도 알고 있는 것이다. 실험 결과 주목할 만한 발견은 점수의 분포였다. 대학생들 집단의 점수 분포는 2점에서 95점까지였고, 고학력 백인교수 집단의 최저점은 9점이고 최고점은 118점이었다. 거의 비슷한 연령, 교육수준, 소득수준을 갖고 있는 사람들 사이에서조차 최저점은 16점인 반면 최고점은 108점으로 큰 차이를 보였다. 총 400여명의 사람들을 대상으로 조사한 결과 모든 사회집단에서 높은 점수를 나타낸 소수의 사람들을 발견할 수 있었다. 연구 결론은 다음과 같다. "모든 계층을 막론하고 친구나 아는 사람을 만드는 데에 있어서 극히 예외적인 솜씨를 가진 소수의 사람들이 있으며, 그들은 커넥터(Connector)라 할 수 있다."

(나) 현대사회의 실체들은 대체로 복잡계(complex systems)의 형태를 나타낸다. 이러한 사회현상이나 자연현상 이면에 작동하는 메커니즘의 하나를 네트워크로 표현하여 모델링하는 복잡계 네트워크 방법으로 무작위 네트워크(random network)가 대표적이다. 이 모델은 실제의 네트워크가 형성되는 과정, 그들의 모양이나 구조를 지배하는 법칙 등에 대해 최초로 설명하게 된 모델로 네트워크의 노드들은 특정 확률에 따라 서로 무작위로 연결되어 있다는 개념에 기반한다. 무작위 네트워크는 네트워크에서 대부분의 노드들이 평균적으로 균일한 링크 수를 가지는 균일한 네트워크를 의미하며, 여기에서 균일한 링크 수는 특성을 설명하기 위한 표현으로 실제로는 각 노드의 링크 수 분포를 살펴보면 대체적으로 통계적인 분포(정규 분포, 포와송 분포)로 나타난다. 이 모델에서 노드의 차수는 종 모양 분포를 나타낸다. 종 모양 분포의 꼬리부분은 평균 링크수로부터 지수적으로 감소하므로 차수가 아주 많다거나 아주 적은 노드가 거의 존재하지 않는다. 즉 정점인 평균값에 의해 지배되는 네트워크의 모양을 나타낸다. 대부분의 링크 개수는 평균값(정점)을 나타내며, 소수의 링크 또는 다수의 링크 개수를 가지는 노드의 수는 극히 적다.

1. 윗글의 내용과 부합하는 것을 〈보기〉에서 모두 고른 것은?

> **보기**
>
> ㄱ. (가)에 따르면, 고학력 백인교수는 맨해튼 시립대학 학생보다 전화번호부 리스트에 있는 성씨의 사람들을 더 많이 알고 있다.
> ㄴ. (나)에서 주장하는 무작위적 세계에서는 (가)에서 제시한 커넥터(Connector)가 거의 존재하지 않는다.
> ㄷ. (가)에 의하면 계층에 상관없이 소수의 커넥터(Connector)가 존재한다.
> ㄹ. "전체 인구의 20%가 80%의 부를 가지고 있다"는 경제학 원리는 (나)에 의해 설명 가능하다.

① ㄱ, ㄷ ② ㄱ, ㄹ
③ ㄴ, ㄷ ④ ㄴ, ㄹ

[2] 다음 글을 읽고 물음에 답하시오.

국내에서 벤처버블이 발생한 1999~2000년 동안 한국뿐 아니라 미국, 유럽 등 전세계 주요 국가에서 벤처버블이 나타났다. 미국 나스닥의 경우 1999년 초 이후에 주가가 급상승하여 2000년 3월을 전후해서 정점에 이르렀는데, 이는 한국의 주가 흐름과 거의 일치한다. 또한 한국에서는 1998년 5월부터 외국인의 종목별 투자한도를 완전 자유화하였는데, 외환위기 이후 해외투자를 유치하기 위한 이런 주식시장의 개방은 주가 상승에 영향을 미쳤다. 외국인 투자자들은 벤처버블이 정점에 이르렀던 1999년 12월에 벤처기업으로 구성되어 있는 코스닥 시장에서 투자금액을 이전 달의 1조 4천억 원에서 8조 원으로 늘렸으며, 투자비중도 늘렸다.

또한 벤처버블 당시 국내에서는 인터넷이 급속히 확산되고 있었다. 초고속 인터넷 서비스는 1998년 첫 해에 1만 3천 가구에 보급되었지만 1999년에는 34만 가구로 확대되었다. 또한 1997년 163만 명이던 인터넷 이용자는 1999년에 천만 명으로 폭발적으로 증가하였다. 이처럼 초고속 인터넷의 보급과 인터넷 사용인구의 급증은 뚜렷한 수익모델이 없는 업체라 할지라도 인터넷을 활용한 비즈니스를 내세우면 투자자들 사이에서 높은 잠재력을 가진 기업으로 인식되는 효과를 낳았다.

한편 1997년 8월에 시행된 벤처기업 육성에 관한 특별조치법은 다음과 같은 상황으로 인해 제정되었다. 법 제정 당시 우리 경제는 혁신적 기술이나 비즈니스 모델에 의한 성장보다는 설비확장에 토대한 외형성장에 주력해 왔다. 그러나 급격한 임금상승, 공장용지와 물류 및 금융 관련 비용 부담 증가, 후발국가의 추격 등은 우리 경제가 하루 빨리 기술과 지식을 경쟁력의 기반으로 하는 구조로 변화해야 할 필요성을 높였다. 게다가 1997년 말 외환위기로 30대 재벌의 절반이 부도 또는 법정관리에 들어가게 되면서 재벌을 중심으로 하는 경제성장 방식의 한계가 지적되었고, 이에 따라 우리 경제는 고용창출과 경제성장을 주도할 새로운 기업군을 필요로 하게 되었다. 이로 인해 시행된 벤처기업 육성 정책은 벤처기업에 세제 혜택은 물론, 기술 개발, 인력공급, 입지공급까지 다양한 지원을 제공하면서 벤처기업의 폭증에 많은 영향을 주게 되었다.

2. 윗글에서 알 수 있는 것은?

① 해외 주식시장의 주가 상승은 국내 벤처버블 발생의 주요 원인이 되었다.
② 벤처버블은 한국뿐 아니라 전세계 모든 국가에서 거의 비슷한 시기에 발생했다.
③ 국내의 벤처기업 육성책 실행은 한국 경제구조 변화의 필요성과 관련을 맺고 있다.
④ 국내 초고속 인터넷 서비스 확대는 벤처기업을 활성화 시켰으나 대기업 침체의 요인이 되었다.

[3] 다음 글을 읽고 물음에 답하시오.

　소리를 내는 것, 즉 음원의 위치를 판단하는 일은 복잡한 과정을 거친다. 사람의 청각은 '청자의 머리와 두 귀가 소리와 상호작용하는 방식'을 단서로 음원의 위치를 파악한다.

　음원의 위치가 정중앙이 아니라 어느 한쪽으로 치우쳐 있으면, 소리가 두 귀 중에서 어느 한쪽에 먼저 도달한다. 왼쪽에서 나는 소리는 왼쪽 귀가 먼저 듣고, 오른쪽에서 나는 소리는 오른쪽 귀가 먼저 듣는다. 따라서 소리가 두 귀에 도달하는 데 걸리는 시간차를 이용하면 소리가 오는 방향을 알아낼 수 있다. 소리가 두 귀에 도달하는 시간의 차이는 음원이 정중앙에서 한쪽으로 치우칠수록 커진다.

　양 귀를 이용해 음원의 위치를 알 수 있는 또 다른 단서는 두 귀에 도달하는 소리의 크기 차이이다. 왼쪽에서 나는 소리는 왼쪽 귀에 더 크게 들리고, 오른쪽에서 나는 소리는 오른쪽 귀에 더 크게 들린다. 이런 차이는 머리가 소리 전달을 막는 장애물로 작용하기 때문이다. 하지만 이런 차이는 소리에 섞여 있는 여러 음파들 중 고주파에서만 일어나고 저주파에서는 일어나지 않는다. 따라서 소리가 저주파로만 구성되어 있는 경우 소리의 크기 차이를 이용한 위치 추적은 효과적이지 않다.

　또 다른 단서는 음색의 차이이다. 고막에 도달하기 전에 소리는 머리와 귓바퀴를 지나는데 이때 머리와 귓바퀴의 굴곡은 소리를 변형시키는 필터 역할을 한다. 이 때문에 두 고막에 도달하는 소리의 음색 차이가 생겨난다. 이러한 차이를 통해 음원의 위치를 파악할 수 있다.

3. 윗글에서 알 수 있는 것은?

① 다른 조건이 같다면 고주파로만 구성된 소리가 저주파로만 구성된 소리보다 음원의 위치를 파악하기 쉽다.
② 두 귀에 도달하는 소리의 시간차가 클수록 청자와 음원의 거리는 멀다.
③ 저주파로만 구성된 소리의 경우 그 음원의 위치를 파악할 수 없다.
④ 머리가 소리를 막지 않는다면 음원의 위치를 파악할 수 없다.

4. 다음 글의 상황에서 〈보기〉의 사실을 토대로 신입 사원이 김 과장을 찾기 위해 추측한 내용 중 반드시 참인 것은?

> 김 과장은 오늘 아침 조기 축구 시합에 나갔다. 그런데 김 과장을 한 번도 본 적이 없는 같은 회사의 어떤 신입 사원이 김 과장에게 급히 전할 서류가 있어 직접 축구 시합장을 찾았다. 시합은 이미 시작되었고, 김 과장이 현재 양 팀의 수비수나 공격수 중 한 사람으로 뛰고 있다는 것은 분명하다.

보기

ㄱ. A팀은 검정색 상의를, B팀은 흰색 상의를 입고 있다.
ㄴ. 양 팀에서 축구화를 신고 있는 사람은 모두 안경을 쓰고 있다.
ㄷ. 양 팀에서 안경 쓴 사람은 모두 수비수이다.

① 만약 김 과장이 공격수라면, 안경을 쓰고 있다.
② 김 과장은 흰색 상의를 입고 있거나 축구화를 신고 있다.
③ 만약 김 과장이 B팀의 공격수라면, 축구화를 신고 있지 않다.
④ 만약 김 과장이 검정색 상의를 입고 있다면, 안경을 쓰고 있다.

[5] 다음 글을 읽고 물음에 답하시오.

> 단어는 하나의 품사로 사용되는 경우가 일반적이지만 둘 이상의 품사로 사용되는 경우가 있다. 가령 '그는 모든 원인을 자기의 잘못으로 돌렸다.'의 '잘못'은 조사와 결합하는 명사이지만, '그는 길을 잘못 들어서 한참 헤맸다.'의 '잘못'은 용언을 수식하는 부사이다. '잘못'이 ㉠명사와 부사로 쓰인 것이다. 또한 '노력한 만큼 대가를 얻다.'의 '만큼'은 관형어의 수식을 받는 명사이지만, '집을 대궐만큼 크게 짓다.'의 '만큼'은 앞말과 비슷한 정도나 한도임을 나타내는 조사이다. '만큼'이 ㉡명사와 조사로 쓰인 것이다. 이밖에도 국어에는 부사와 조사로 쓰이는 경우, 수사와 관형사로 쓰이는 경우와 같이 두 개 이상의 품사로 쓰이는 단어들이 존재한다.

5. ㉠, ㉡에 해당하는 예로 적절한 것은?

① ㉠ ┌ 둘에 다섯을 더하면 일곱이다.
     └ 여기에 사과 일곱 개가 있다.

② ㉠ ┌ 너 커서 무엇이 되고 싶니?
     └ 가구가 커서 방에 들어가지 않는다.

③ ㉠ ┌ 식구 모두가 여행을 떠났다.
     └ 그릇에 담긴 소금을 모두 쏟았다.

④ ㉡ ┌ 나를 처벌하려면 법대로 해라.
     └ 큰 것은 큰 것대로 따로 모아 두다.

⑤ ㉡ ┌ 모두 같이 학교에 갑시다.
     └ 얼음장같이 차가운 방바닥이 생각난다.

DAY 03 정답 및 해설　　　　　　　　Week 3

DAY 03

| 1 ③ | 2 ③ | 3 ① | 4 ⑤ | 5 ③ |

1. ③

> **문항** 명사수의 눈
>
> 이렇게 (가), (나)가 분리되어 제시되는 경우 (가) 지문과 (나) 지문이 어떤 관계를 맺고 있는지 큰 틀에서 파악하는 것이 선지 판단에 도움이 될 수 있다. 두 지문이 (가)와 (나)로 엮인 만큼 둘이 공유하는 큰 틀의 주제 등이 존재할 것인데, 각각의 지문을 읽는다는 관점으로 접근한 뒤 글의 '핵심'을 파악할 수 있었다면 (가)와 (나)가 같은 핵심의 구체화로 엮인 것인지, 같은 핵심의 서로 다른 입장을 제시한 것인지 등의 관계를 파악할 수 있을 것이다.

정답 분석

③ ㄴ. (가) 지문에 따르면 커넥터는 '친구나 아는 사람을 만드는 데에 있어서 극히 예외적인 솜씨를 가진 소수의 사람'들로, 아는 사람의 수로 점수를 매기는 테스트에서 고득점을 올리는 이들이다. 헌데 (나)에서는 '링크 개수는 평균값을 나타내며, 소수의 링크 또는 다수의 링크 개수를 가지는 노드의 수는 극히 적다'라면서 차수가 아주 많은 노드(=커넥터)는 거의 존재하지 않는다고 보므로 적절하다고 판단할 수 있다.

ㄷ. (가) 지문 말미에서 모든 계층을 막론하고 친구나 아는 사람을 만드는 데에 있어서 극히 예외적인 솜씨를 가진 커넥터라는 소수의 사람들이 있다고 제시되고 있으므로 적절하다고 판단할 수 있다.

오답 분석

ㄱ. (가) 지문에 제시된 테스트에서 고학력 백인 교수 집단의 최저점과 최고점은 각각 대학생들 집단의 그것보다 높았지만, 모든 백인 교수가 모든 맨해튼 시립대학 학생보다 전화번호부 리스트에 있는 성씨의 사람들을 더 많이 알고 있는 것은 아니다.

ㄹ. 전체 인구의 부가 전체 인구에게 균등하게 분배되어, 극히 가난하거나 극히 부유한 경우가 거의 없는 것이 (나)의 무작위 네트워크에 합치하는 것이다. 전체 인구의 20%가 80%의 부를 소유하고 있는 것은 평균보다 높은 값의 부를 갖는 경우, 즉 극히 부유한 경우가 20%나 존재하여 전체 인구의 부가 전체 인구에게 균등하게 분배되지 않은 것으로 볼 수 있다. 이는 (나)의 무작위 네트워크에 정면으로 대치되는 것이므로 적절하다고 보기 어렵다.

2. ③

정답 분석

③ 3문단에 따르면 우리 경제는 '고용창출과 경제성장을 주도할 새로운 기업군'을 필요로 하게 되었고, 이에 따라 벤처기업 육성 정책이 시행되었다.

오답 분석

① 1문단에 따르면, 해외 주식시장 중 하나인 미국 나스닥의 경우 1999~2000년 사이 주가 급상승의 흐름이 한국의 주가 흐름과 흡사했다. 이는 주가의 동향이 국내 시장과 해외 일부 시장이 흡사했다는 의미이지, 해외 시장의 주가 상승이 원인이 되어 국내 벤처버블이 발생했다는 것은 아니다. 한편 외국인 투자자들의 코스닥 투자 금액과 투자 비중도 이즈음 늘었다는 것을 두고 해외 시장의 주가 상승이 원인이 되어 국내 벤처버블이 발생했다고 이야기할 수도 없다.

② 1문단에 따르면, 벤처버블은 미국, 유럽 등 전세계 '주요 국가'에서 나타났다. 전 세계 모든 국가에서 나타났다고 진술하지는 않았다.

④ 2문단에 따르면, 국내 초고속 인터넷 서비스 확대는 인터넷을 활용한 비즈니스에 대한 투자자들의 인식에 영향을 주었다. 그러나 국내 초고속 인터넷 서비스 확대와 대기업 침체간 인과는 지문을 통해 확인할 수 없다.

국어 치열하게 독하게

3. ①

정답 분석

① 지문에서 제시된 음원 위치를 확인할 수 있는 단서 세 가지, 즉 '소리가 두 귀에 도달하는 데 걸리는 시간차', '두 귀에 도달하는 소리의 크기 차이', '두 고막에 도달하는 소리의 음색 차이' 중 소리의 크기 차이는 고주파에서만 일어난다. 따라서 다른 조건이 일정할 경우 저주파로만 구성된 소리는 크기 차이를 확인할 수 없기 때문에, 고주파로만 구성된 소리에 비해 음원의 위치를 파악하기 어렵다.

오답 분석

② 2문단에 따르면, 소리가 두 귀에 도달하는 시간 차이는 음원이 정중앙에서 한쪽으로 '치우칠수록 커지'는데, 이를 바탕으로 청자와 음원의 거리와 시간차 간 비례 관계를 이야기할 수는 없다.

③ 저주파로만 구성된 소리의 경우 두 귀에 도달하는 소리의 크기 차이를 활용할 수는 없으나, '시간차', '음색차'는 활용할 수 있으므로, 그 음원의 위치를 파악할 수 없는 것은 아니다.

④ 머리가 소리를 막지 않는다면 소리의 크기 차이를 활용할 수는 없을 것이다. 그러나 시간차나 음색차를 활용할 수 있으므로 그 음원의 위치를 파악할 수 없는 것은 아니다.

4. ③

정답 분석

③ 김 과장이 B팀의 공격수라면 'ㄷ'의 후건 부정에 의해서, 안경을 쓰지 않았다. 그렇다면 'ㄴ'의 후건 부정에 의해서, 축구화를 신고 있지 않으므로 적절하다.

오답 분석

① ㄷ의 진술에 따르면, 안경을 쓰고 있는 사람은 모두 수비수이다. 따라서, 공격수는 안경을 쓰지 않는다.

② 주어진 정보로는, 축구화를 신고 있는지 여부에 대한 직접적인 정보가 없으며, 흰색 상의를 입고 있다는 것 역시 명확하지 않다. 흰색 상의를 입고 있거나 축구화를 신고 있다는 것은 ㄱ, ㄴ과 ㄷ을 바탕으로 보면 김 과장이 B팀이거나, 수비수라는 것인데 글에 따르면 확실한 것은 김 과장이 양팀의 수비수나 공격수 중 한 사람으로 뛰고 있다는 것이므로 A팀이거나, 공격수일 가능성을 배제할 수 없다.

④ 김 과장이 검정색 상의를 입고 있다고 하여 안경을 쓰고 있는 것은 아니다. 축구화를 신고 있는 사람이 안경을 쓰고 있을 뿐이다.

5. ③

정답 분석

③ '모두가'에서 '모두'는 조사와 결합하고 있으므로 명사, '모두 쏟았다'에서 '모두'는 서술어 '쏟았다'를 서술하고 있으므로 부사에 해당한다. 따라서 ㉠에 해당하는 예로 적절하다.

오답 분석

① '일곱이다'의 '일곱'은 서술격 조사 '이다'와 결합하고 있으므로 수사, '일곱 개'에서 '일곱'은 체언 '개'를 수식하고 있으므로 수 관형사에 해당한다. 따라서 ㉠에 해당하는 예로 적절하지 않다.

② '너 커서'에서 '커서'는 성장하다의 의미이므로 동사, '가구가 커서'에서 '커서'는 상태를 나타내므로 형용사에 해당한다. 따라서 ㉠에 해당하는 예로 적절하지 않다.

④ '법대로'의 '대로'는 앞에 나온 명사 '법'과 붙여 쓰는 조사, '큰 것대로'의 '대로' 역시 의존 명사 '것'에 붙여 쓰는 조사이므로 둘은 같은 품사로 쓰이고 있다. 따라서 ㉡에 해당하는 예로 적절하지 않다.

⑤ '모두 같이 학교에 갑시다'의 '같이'는 서술어 '갑시다'를 수식하는 부사, '얼음장같이'의 '같이'는 명사 '얼음장'에 붙여 쓰는 조사이므로 ㉡에 해당하는 예로 적절하지 않다.

[1] 다음 글을 읽고 물음에 답하시오.

　박세당(朴世堂)은 주희(朱熹)의 사상을 고원하다고 비판하였음에도 불구하고 『신주도덕경(新註道德經)』에서 도리어 주희의 형이상학적 경전 해석 방식을 수용하였다. 반면 홍석주(洪奭周)는 주희의 사상을 계승하면서도 그의 『도덕경(道德經)』 주석, 즉 『정노(訂老)』에서 주희의 형이상학적 경전 해석 방식을 거의 수용하지 않고 있다.

　이렇게 양자의 사상이 『도덕경』 주석에서 자신의 근본적 입장과 상반되는 것처럼 보이는 데에는 나름의 이유가 있다. 박세당이 『도덕경』을 주희의 형이상학적 경전 해석 방식, 곧 체용론으로 주석한 것은 당시 사람들에게 문(文)의 근본이 질(質)에 있음을 알리기 위함이다. 홍석주가 고원하게 보이는 노자의 사상을 평이하게 주석한 것은 학문의 근본이 문식(文識)에 있지 않고 실질(實質)에 있음을 알리기 위함이다. 이런 점에서 홍석주가 『도덕경』을 주석한 목적을 주희의 사상과 연결시켜 보면, 의리를 주로 하는 주자학의 근본도 결국 경세적 요소와 학문적 실천성에 있다는 생각으로 이어진다.

　박세당이나 홍석주가 『도덕경』 주석을 통해 이루려 했던 목적은 동일하다. 그러나 그들은 각기 주희의 사상에 대해 이탈과 계승이라는 상반된 입장에 있다. 박세당이 『도덕경』을 주희의 형이상학으로 풀이한 것은 해석하기에 따라 주희를 혹독하게 비판한 것으로도 볼 수 있다. 그가 의도적으로 주희의 고원한 경전 해석 방식이 『도덕경』의 주석에나 적당하다는 것을 보여 주려 했던 것은 아니겠지만, 결국 그렇게 보일 수도 있기 때문이다.

　이에 비해 홍석주가 『도덕경』을 가능한 한 평이하게 주석한 것은 박세당의 노자 주석을 비판함으로써 주희의 입장을 되살린 것으로 볼 수 있다. 그가 보기에 박세당과 같이 『도덕경』을 주석하는 것은 노자의 의도를 잘못 이해한 것일 뿐만 아니라, 주희의 사상을 함부로 남용한 것이다. 주희의 사상에 대해 홍석주는 학문의 실천성과 경세적 요소가 풍부하다고 보았다.

　이와 같이 조선 후기 학자들은 시대적인 모순을 극복함에 있어 제각기 주희의 사상에 대해 서로 계승과 이탈이라는 상반된 입장을 취하고 있었다. 그리고 위와 같은 사례를 통해 비록 그들이 주희의 사상에 대해 다른 입장을 취했을지라도 _____는 동일한 견해를 가지고 있었음을 확인할 수 있다. 이런 점에서 본다면 조선 후기 실학이 주희를 이탈하는 학자들 사이에서만 진행된 것이 아니라 보다 광범위하게 주희를 계승하는 학자들 사이에서도 다소 진행되었음을 확인할 수 있다. 따라서 조선 후기 실학에 관한 연구도 이제 조금 관점을 달리해서 주자학을 계승한 학자들에 대해서도 이루어져야 할 것이다.

1. 윗글의 빈칸에 들어갈 내용으로 가장 적절한 것은?

① 문에 치우친 시대상을 바로잡아 실질을 회복해야 한다.
② 노자의 의도를 잘못 이해해서는 안 된다.
③ 주희의 사상을 온전하게 받아들여야 한다.
④ 특정한 사상을 고원한 방식으로 해석해야 한다.

[2] 다음 글을 읽고 물음에 답하시오.

　1970년대 이후 미국의 사회 규범과 제도는 소득 불균형을 심화시켰고 그런 불균형을 묵과했다고 볼 수 있다. 그 예로 노동조합의 역사를 보자. 한때 노동조합은 소득 불균형을 제한하는 역할을 하였고, 노동조합이 몰락하자 불균형을 억제하던 힘이 사라졌다.
　제조업이 미국경제를 주도할 때 노동조합도 제조업 분야에서 가장 활발했다. 그러나 지금 미국경제를 주도하는 것은 서비스업이다. 이와 같은 산업구조의 변화는 기술의 발전이 주된 요인이지만 많은 제조업 제품을 주로 수입에 의존하게 된 것이 또 다른 요인이다. 이러한 사실에 기초하여 노동조합의 몰락은 산업구조의 변화가 그 원인이라는 견해가 지배적이었다. 그러나 노동조합이 전반적으로 몰락한 주요 원인을 제조업 분야의 쇠퇴에서 찾는 이러한 견해는 틀린 것으로 판명되었다.
　1973년 전체 제조업 종사자 중 39%였던 노동조합원의 비율이 2005년에는 13%로 줄어들었을 뿐더러, 새롭게 부상한 서비스업 분야에서도 조합원들을 확보하지 못했다. 예를 들어 대표적인 서비스 기업인 월마트는 제조업에 비해 노동조합이 생기기에 더 좋은 조건을 갖추고 있었다. 월마트 직원들이 더 높은 임금과 더 나은 복리후생 제도를 요구할 수 있는 노동조합에 가입되어 있었더라면, 미국의 중산층은 수십만 명 더 늘었을 것이다. 그런데도 월마트에는 왜 노동조합이 없는가?
　1960년대에는 노동조합을 인정하던 기업과 이에 관련된 이해집단들이 1970년대부터는 노동조합을 공격하기 시작했다. 1970년대 말과 1980년대 초에는, 노동조합을 지지하는 노동자 20명 중 적어도 한 명이 불법적으로 해고되었다. 1970년대 중반 이후 기업들은 보수적 성향의 정치적 영향력에 힘입어서 노동조합을 압도할 수 있게 되었다. 소득의 불균형에 강력하게 맞섰던 노동조합이 축소된 것이다. 이처럼 노동조합의 몰락은 정치와 기업이 결속한 결과이다.

2. 윗글의 내용과 부합하지 않는 것은?

① 1973년부터 2005년 사이에 미국 제조업에서는 노동조합원의 비율이 감소하였다.
② 1970년대 중반 이후 노동조합의 몰락에는 기업뿐 아니라 보수주의적 정치도 일조하였다.
③ 미국에서 제조업 상품의 수입의존도 상승은 서비스업이 경제를 주도하는 산업 분야가 되는 요인 중 하나였다.
④ 미국 제조업 분야 내에서의 노동조합 가입률 하락은 산업 구조의 변화로 인한 서비스업의 성장 때문이다.

[3] 다음 글을 읽고 물음에 답하시오.

인간의 성은 어머니에게 물려받은 X염색체가 아버지에게 물려받은 X 혹은 Y염색체와 짝을 이루어 결정된다. 일반적으로 아버지에게서 X염색체를 물려받아 XX가 되면 여자아이가 되고 Y염색체를 물려받아 XY가 되면 남자아이가 된다. 사실 성별이 결정되기까지 일어나는 일련의 모든 사건이 시계태엽 맞물리듯 정확히 맞아떨어져야 당신은 남자아이가 될 수 있다. 이 과정에서 일어나는 일들 중에 '남자 되기 경쟁'이라는 것이 있다. 태아는 일찍부터 특정 유형의 지방세포를 형성하는데, 구조적 결함이 생겨 여자아이가 될지 모르는 XY염색체의 태아를 남자아이로 바꾸려면 특정한 밀도의 지방세포가 필요하다. 적당한 밀도의 지방세포는 테스토스테론 분비를 촉발시켜 태아의 뇌를 남성의 뇌로 전환한다. 일단 뇌의 성이 결정되면 이것은 다른 모든 신체 조직의 전환으로 이어진다.

성별에 관한 문제는 포유류 이외의 종들을 관찰하면 더 복잡하다. 새는 알을 낳는 암컷이 XY염색체를 가지고 있고, 털이 화려하고 노래를 부르며 자기 영역을 지키기 위해 주변을 탐색하는 수컷이 XX염색체를 갖는다. 학자들은 혼란을 피하기 위해 새의 염색체를 일반적으로 W와 Z로 구분하는데, 이는 각각 인간의 X와 Y염색체에 해당한다. 명칭을 달리 했다고 해서 조류의 성별 결정 방식이 포유류와 정반대라는 사실을 감출 수는 없다. 거북이나 악어로 관찰의 범위를 넓히면 문제는 더 복잡하다. 거북이나 악어의 성별은 알을 부화하는 둥지의 온도에 따라 결정된다. 악어는 둥지 온도가 따뜻하면 수컷이 되고 차가우면 암컷이 되는 반면, 거북이는 이와 반대다. 잘 알려진 것처럼 벌의 암컷은 두 세트의 염색체(32개의 염색체)를 가지고 있지만 수컷은 하나(16개의 염색체)뿐이다. 수벌은 무정란에서 태어나기 때문이다. 양놀래깃과의 바닷물고기들과 같이 산호초 주변에 서식하는 수많은 작은 물고기의 성별은 사회적 환경에 따라 결정된다. 이들은 전부 암컷으로 태어나는데, 주변에 수컷이 하나도 없으면 가장 지배력 있는 암컷이 재빨리 변성 과정에 착수하여 마법처럼 수컷으로 변한다. 이 암컷, 아니 수컷이 죽으면 같은 과정이 반복된다.

성별이 둘로 나뉘는 모든 종 중에 가장 기이하고 불가사의한 방법으로 성별을 결정하는 종은 아마 '보넬리아'라는 무척추동물일 것이다. 보넬리아는 처음에는 모두 유충 상태로 물속에 둥둥 떠다닌다. 그러다가 바위나 다른 기질에 성공적으로 붙은 유충은 암컷이 되고, 다른 곳에 붙기 전에 암컷에게 잡아먹혀 자궁으로 들어간 유충은 수컷이 된다. 이 수컷 유충들은 암컷의 자궁 안에서 남은 생을 안전하게 보낸다. 암컷의 자궁에서 함께 살 수 있는 수컷의 수는 최대 20마리다.

3. 윗글의 내용과 부합하는 것으로 가장 적절한 것은?

① 새의 암컷은 WW 염색체를 갖고, 수컷은 WZ 염색체를 가진다.
② 여자아이의 경우에도 XX염색체 뿐만 아니라 XY염색체를 가질 수 있다.
③ 거북이와 악어의 알이 동일한 환경에서 부화되는 경우, 거북이와 악어의 성별은 같다.
④ 양놀래깃과의 바닷물고기들은 수컷으로 태어났다가 변성 과정에 착수하여 암컷으로 변할 수 있다.

4. 다음 조건을 전제로 결론을 이끌어 낼 때, 빈칸에 들어갈 말로 가장 적절한 것은?

> (가) 모든 피아노 연주는 청중에게 감동을 준다.
> (나) 어떤 바이올린 연주는 청중에게 감동을 준다.
> 따라서, _____

① 피아노 연주가 아닌 모든 연주는 청중에게 감동을 주지 않는다.
② 피아노 연주와 바이올린 연주 중 청중에게 감동을 주는 연주가 있다.
③ 청중에게 감동을 주는 연주라면 모두 피아노 연주이다.
④ 청중에게 감동을 주지 않는 바이올린 연주는 없다.

5. 〈보기 1〉을 바탕으로 ㉠과 품사가 같은 것만을 〈보기 2〉에서 고른 것은?

> **보기 1**
> 　수관형사는 수사와 형태가 같은 경우가 많아 혼동하기 쉽다. 문장에서 둘 다 활용을 하지 않고 사물의 수량이나 순서를 가리키지만, 수관형사는 수사와 달리 단위를 나타내는 의존명사와 함께 쓰인다는 차이가 있다.
> • 이 일을 마치는 데에 ㉠칠 개월 걸렸다. (수관형사)
> • 육에 일을 더하면 칠이다. (수사)

> **보기 2**
> • 명호는 바둑을 ㉮다섯 판이나 두었다.
> • 윤배가 고향을 떠난 지 ㉯팔 년이 지났다.
> • 은주는 시장에서 토마토를 ㉰하나 사 왔다.
> • 현수는 달리기 시합에서 ㉱셋째로 들어왔다.

① ㉮, ㉯　　② ㉮, ㉰　　③ ㉯, ㉰
④ ㉯, ㉱　　⑤ ㉰, ㉱

DAY 04 정답 및 해설 — Week 3

DAY 04
| 1 ① | 2 ④ | 3 ② | 4 ② | 5 ① |

1. ①

문항 명사수의 눈

이런 빈칸 문제는 앞뒤 맥락을 살피는 것이 중요하다. 분량이 감이 오지 않는다면 2~3문장가량을 읽어 보며 판단하도록 하자. 이 지문에서는 '위와 같은 사례를 통해'라는 표현이 제시되고 있는데, 이를 판단의 중요한 근거로 활용할 수 있다. 모든 지문에서 연결 표현은 중요하지만, 이런 빈칸 주변의 연결 표현에는 특히 민감하게 반응할 수 있도록 하자.

정답 분석

① 2문단에 제시된 『도덕경』 주석 사례에서 박세당이 주희의 형이상학적 경전 해석 방식인 체용론으로 주석한 것은 당시 사람들에게 문(文)의 근본이 질(質)에 있음을 알리기 위한 것이었다고 제시되고 있고, 홍석주가 노자의 사상을 평이하게 주석한 것은 학문의 근본이 문식(文識)에 있지 않고 실질(實質)에 있음을 알리기 위함으로, 다음 문단에서 '목적은 동일하다'라고 제시되고 있으므로 적절하다고 판단할 수 있다.

오답 분석

② 홍석주가 박세당과 같이 『도덕경』을 주석하는 것이 노자의 의도를 잘못 이해한 것이라고 보기는 했으나 이것이 '조선 후기 실학'과 연결된다고 보기는 어렵다.

③ 주희의 사상을 계승하는 홍석주와 달리, 박세당은 주희의 사상을 고원하다고 비판한 이로, 주희를 이탈하는 학자들에 해당한다고 볼 수 있으므로 둘이 동일하게 갖는 견해로 보기 어렵다.

④ 박세당이 자신이 고원하다고 비판한 주희의 방식으로 『도덕경』을 해석하고 있을 뿐, 홍석주가 어떤 사상을 '고원한 방식'으로 해석하고 있는 부분은 찾아볼 수 없다.

2. ④

정답 분석

④ 3, 4문단에 따르면 미국 제조업 분야 내에서의 노동조합 가입률 하락이 있었던 것은 정치와 기업의 결속 때문이다.

오답 분석

① 3문단에 따르면, 1973년부터 2005년 사이 미국 제조업에서는 노동조합원의 비율이 39%에서 13%로 줄어들었다.

② 4문단에 따르면, 1970년대 중반 이후 기업들이 보수적 성향의 정치적 영향력에 힘입어서 노동조합을 압도할 수 있게 되었다.

③ 2문단에 따르면, 많은 제조업 제품을 주로 수입에 의존하게 된 것이 서비스업이 미국경제를 주도하게 된 요인으로 기능하였다.

국어 치열하게 독하게

3. ②

> **문항** 명사수의 눈
>
> 이렇게 구체적인 사례가 제시되는 문제에서는 사례 연결에 유의할 필요가 있다. 구체적인 사례마다 있을 수 있는 '차이'를 염두에 두도록 하자. C이기 위한 조건이 A인 동시에 B인 것인 경우, 둘 중 하나만 결격되어도 C라고 판단할 수 없다는 점에 유의한다면 ②번 선지 판단이 조금 더 직관적으로 다가왔을 것이다.

정답 분석

② 1문단에 따르면 구조적 결함이 생겨 여자아이가 될지 모르는 XY염색체의 태아를 남자아이로 바꾸려면 특정한 밀도의 지방세포가 필요하다면서, 적당한 밀도의 지방세포가 테스토스테론 분비를 촉발시켜 뇌를 남성의 뇌로 전환하면 다른 모든 신체 조직의 전환으로 이어진다고 제시되고 있다. 즉, 이런 특정한 밀도의 지방세포가 없어 테스토스테론의 분비가 촉발되지 못하면 뇌가 남성으로 전환되지 못할 것이며 이에 따라 다른 모든 신체 조직 또한 전환되지 못할 것이므로 여자아이임에도 XY 염색체를 가지는 경우가 있을 수 있을 것이라고 판단할 수 있다.

오답 분석

① 2문단에서 새는 수컷이 XX염색체를, 암컷이 XY염색체를 가지고 있다고 제시되고 있고, 새의 염색체는 혼란을 피하기 위해 X를 W로, Y를 Z로 구분한다고 제시되고 있으므로 새의 암컷은 WZ, 수컷이 WW 염색체일 것이다. 따라서 적절하다고 보기 어렵다.

③ 2문단에서 악어는 둥지 온도가 따뜻하면 수컷이 되고 차가우면 암컷이 되는 반면, 거북이는 이와 반대라고 제시되고 있으므로 적절하지 않다고 판단할 수 있다.

④ 2문단에 따르면 양놀래깃과의 바닷물고기들은 전부 암컷으로 태어나는데, 주변에 수컷이 없으면 가장 지배력 있는 암컷이 수컷으로 변하므로 적절하지 않다고 판단할 수 있다.

4. ②

정답 분석

② (가)와 (나)를 통해 피아노 연주는 모두 감동을 주고, 바이올린 연주 중 어떤 연주는 감동을 준다는 결론을 도출할 수 있다. 바이올린 연주 중 분명히 청중에게 감동을 주는 연주도 있으므로 2번 선지는 타당하다.

오답 분석

① (나)의 진술에 따르면, 피아노 연주가 아닌 바이올린 연주 중에도 청중에게 감동을 주는 경우가 있으므로 이 선택지는 틀렸다.

③ (나)에 따르면, 바이올린 연주 중 일부도 감동을 주므로 이 선택지는 틀렸다.

④ 해당 문장의 대우는 바이올린 연주라면 무조건 청중에게 감동을 주어야 한다는 것이다. 그러나 어떤 바이올린 연주가 청중에게 감동을 줄 뿐이지 모든 바이올린 연주가 청중에게 감동을 주는 것은 아니다.

5. ①

정답 분석

① ㉠은 '개월'이라는 체언을 수식하는 수 관형사로 쓰이는데, 〈보기 2〉의 ㉮는 '판'이라는 체언을 수식하고, ㉯는 '년'이라는 체언을 수식하므로 ㉮, ㉯는 모두 ㉠과 같은 수 관형사로 쓰이고 있음을 알 수 있다. ㉰는 단독으로, ㉱는 조사와 결합하여 쓰이고 있는 수사이다.

[1] 다음 글을 읽고 물음에 답하시오.

320여 년 전 아일랜드의 윌리엄 몰리눅스가 제기했던 이른바 '몰리눅스의 물음'에 답하기 위한 실험이 최근 이루어졌다. 몰리눅스는 철학자 로크에게 보낸 편지에서 다음과 같이 물었다. "태어날 때부터 시각장애인인 사람이 둥근 공 모양과 정육면체의 형태 등을 단지 손으로 만져서 알게 된 후 어느 날 갑자기 눈으로 사물을 볼 수 있게 된다면, 그 사람은 손으로 만져보지 않고도 눈앞에 놓인 물체가 공 모양인지 주사위 모양인지 알아낼 수 있을까요?"

경험론자들은 인간이 아무것도 적혀 있지 않은 '빈 서판' 같은 마음을 가지고 태어나며 모든 관념과 지식은 경험에 의해 형성된다고 주장한 반면, 생득론자들은 인간이 태어날 때 이미 외부의 정보를 처리하는 데 필요한 관념들을 가지고 있다고 주장했다. 만일 인간의 정신 속에 그런 관념들이 존재한다면, 눈으로 보든 손으로 만지든 상관없이 사람들은 해당되는 관념을 찾아낼 것이다. 따라서 몰리눅스의 물음이 명확히 답변될 수 있다면 이런 양 편의 주장에 대한 적절한 판정이 내려질 것이다.

2003년에 인도의 한 연구팀이 뉴델리의 슈로프 자선안과 병원과 협력하여 문제의 실험을 수행하였다. 실험은 태어날 때부터 시각장애인이었다가 수술을 통해 상당한 시력을 얻게 된 8세부터 17세 사이의 남녀 환자 6명을 대상으로 진행되었다. 연구자들은 수술 후 환자의 눈에서 붕대를 제거한 후 주변이 환히 보이는지 먼저 확인하고, 레고 블록 같은 물건을 이용해서 그들이 세밀한 시각 능력을 충분히 회복했음을 확인했다. 또 그들이 여전히 수술 이전 수준의 촉각 능력을 갖고 있음도 확인했다. 이제 연구자들은 일단 환자의 눈을 가리고 특정한 형태의 물체를 손으로 만지게 한 뒤, 서로 비슷하지만 뚜렷이 구별될 만한 두 물체를 눈앞에 내놓고 조금 전 만졌던 것이 어느 쪽인지 말하도록 했다. 환자가 촉각을 통해 인지한 형태와 시각만으로 인지한 형태를 성공적으로 연결할 수 있는지를 시험한 것이다. 그런데 이 실험에서 각 환자들이 답을 맞힌 비율은 50%, 즉 둘 중 아무 것이나 마구 고른 경우와 거의 차이가 없었다. 한편 환자들은 눈으로 사물을 읽는 법을 빠르게 배우는 것으로 나타났다. 연구팀은 그들이 대략 한 주 안에 정상인과 똑같이 시각만으로 사물의 형태를 정확히 읽을 수 있게 되었다고 보고하였다. 이로 인해 경험론자들과 생득론자들의 견해 중 한 입장이 강화되었다.

1. 윗글에 서술된 연구결과에 대한 판단으로 가장 적절한 것은?

① 몰리눅스의 물음에 부정적인 답변이 나와 경험론자들의 견해가 강화되었다.
② 몰리눅스의 물음에 부정적인 답변이 나와 생득론자들의 견해가 강화되었다.
③ 몰리눅스의 물음에 긍정적인 답변이 나와 경험론자들의 견해가 강화되었다.
④ 몰리눅스의 물음에 긍정적인 답변이 나와 생득론자들의 견해가 강화되었다.

[2] 다음 글을 읽고 물음에 답하시오.

　대체재와 대안재의 구별은 소비자뿐만 아니라 판매자에게도 중요하다. 형태는 달라도 동일한 핵심 기능을 제공하는 제품이나 서비스는 각각 서로의 대체재가 될 수 있다. 대안재는 기능과 형태는 다르나 동일한 목적을 충족하는 제품이나 서비스를 의미한다.
　사람들은 회계 작업을 위해 재무 소프트웨어를 구매하여 활용하거나 회계사를 고용해 처리하기도 한다. 회계 작업을 수행한다는 측면에서, 형태는 다르지만 동일한 기능을 갖고 있는 두 방법 중 하나를 선택할 수 있다.
　이와는 달리 형태와 기능이 다르지만 같은 목적을 충족시켜주는 제품이나 서비스가 있다. 여가 시간을 즐기고자 영화관 또는 카페를 선택해야 하는 상황을 보자. 카페는 물리적으로 영화관과 유사하지도 않고 기능도 다르다. 하지만 이런 차이에도 불구하고 사람들은 여가 시간을 보내기 위한 목적으로 영화관 또는 카페를 선택한다.
　소비자들은 구매를 결정하기 전에 대안적인 상품들을 놓고 저울질한다. 일반 소비자나 기업 구매자 모두 그러한 의사결정 과정을 갖는다. 그러나 어떤 이유에서인지 우리가 파는 사람의 입장이 됐을 때는 그런 과정을 생각하지 못한다. 판매자들은 고객들이 대안 산업군 전체에서 하나를 선택하게 되는 과정을 주목하지 못한다. 반면에 대체재의 가격 변동, 상품 모델의 변화, 광고 캠페인 등에 대한 새로운 정보는 판매자들에게 매우 큰 관심거리이므로 그들의 의사결정에 중요한 역할을 한다.

2. 윗글의 내용과 부합하는 것은?

① 판매자들은 대안재보다 대체재 관련 정보에 민감하게 반응한다.
② 판매자들은 소비자들의 대안재 선택 과정을 잘 이해한다.
③ 재무 소프트웨어와 회계사는 서로 대안재의 관계에 있다.
④ 소비자들은 대안재보다 대체재를 선호하는 경향이 있다.

[3] 다음 글을 읽고 물음에 답하시오.

불교에서는 사람이 죽으면 3일간 이승에서 머물다가 명부사자(冥府使者)의 인도로 명부에 간다고 믿는데, 이때 명부에서 죽은 자의 죄를 심판한다는 열 명의 왕이 바로 명부시왕이다. 시왕 신앙은 중국의 것이면서도 구체적으로는 도교적이라는 의견이 지배적이다. 즉 중국의 육조시대에 시작되었지만 도교와의 융합에 의하여 당나라 말기에 정립된 사상이라는 것이다. 또한 시왕을 그린 그림을 가리켜 시왕도 혹은 시왕경변상이라 하는데, 돈황 문헌에도 이러한 그림이 담긴 사본이 전하는 등 중국이나 한국, 일본에 이르기까지 폭넓게 전파된 불교 신앙의 하나이다.

시왕도의 주요 내용은 인간이 죽어서 거치지 않으면 안 되는 시왕 세계의 모습을 순차적으로 묘사하는 것이다. 죽어서 다음 생을 받을 때까지의 49일 동안은 중음(中陰)의 신세가 되는데 이 기간 동안 7일 간격으로 7명의 시왕 앞에 나아가 생전에 지은 죄업의 경중과 선행·악행을 심판받는다고 한다. 불가에서 49재(四十九齋)를 지내는 것도 여기에서 연유한다. 7명의 시왕은 각각 다른 지옥을 관장하고 있으며 각기 다른 죄목에 대하여 심판한다. 그러나 살면서 죄업을 많이 지은 자는 49일 이후 3명의 대왕에게 다시 심판을 받는데, 죽은 후 백일이 되는 날은 평등대왕, 1년이 되는 날에는 도시대왕, 3년째에는 오도전륜대왕의 심판을 받아 총 3년의 기간 동안 시왕의 심판을 받는다. 모든 재판이 끝나면 망자는 육도문을 통해 축생, 인간, 아귀, 천상 등 다시 태어날 곳이 결정되어 환생하게 된다.

초강대왕은 명부에서 사람이 죽은 뒤 14일째 되는 날까지 망자를 심판하는 왕으로, 「시왕생칠경」에 의하면 사자(死者)는 진광대왕의 처소에서 죽은 후 7일이 될 때까지 이것저것 심문받고 이후에 나하진(奈河津)이라는 큰 강을 건너서 초강대왕의 관청에 다다른다. 초강대왕의 관청으로 가는 길에는 탈의파(奪衣婆)라는 귀신이 죄인의 옷을 빼앗아 그 무게에 따라 죄의 무게를 정한다.

삼칠일이 되면 사자(死者)는 송제대왕에게 억류되어 이름이 하나씩 호명되면서 그가 살던 소재를 확인받게 된다. 송제대왕은 생전의 살인·도둑질·음란 등의 악업을 심판한다. 지옥장면의 왼쪽에는 두루마리를 든 판관과 동자가 서 있고, 그 아래 상의를 벗은 망자 4명이 빌고 있다. 옆에는 죄인을 형틀에 묶은 다음에 그의 입에서 혀를 빼내어 그 위에 소를 몰아 쟁기질하는 모습이 그려져 있는데, 이 장면은 입으로 나쁜 짓을 한 사람이 떨어진다고 하는 발설지옥의 장면을 묘사한 것이다.

송제대왕의 심판을 통과한 망인들은 오관대왕 앞으로 보내진다. 오관대왕은 업(業)의 무게를 측정하는 저울을 공중에 걸어 놓고 망인들의 죄를 그 경중으로 판단한다. 좌우에 있는 동자들은 그 업의 결과를 빠짐없이 기록한다. 죄의 경중은 죽기 전의 인연에 의한다고 하는데 소원을 하더라도 바꿀 수 없다.

오칠일은 염라대왕 밑에서 지내게 되는 때이다. 염라대왕은 민간신앙과 신화에서 시왕을 대표하는 존재로 인식되고 있다. 생전에 죄를 지은 망인들은 머리를 들어 업경(業鏡)을 보고는 비로소 자신의 죄상을 자명하게 알게 된다. 그런데 이 업경은 인간만이 아니라 동물의 사후 심판도 겸하고 있다는 점이 흥미롭다.

※ **삼칠일** : 인간이 죽은 지 21일째가 되는 날
※ **오칠일** : 인간이 죽은 지 35일째가 되는 날

3. 윗글에서 추론할 수 있는 것으로 적절한 것을 〈보기〉에서 모두 고른 것은?

보기

ㄱ. 저승시왕에게 심판받는 순서는 진광대왕-초강대왕-송제대왕-오관대왕-염라대왕임을 알 수 있다.
ㄴ. 죄를 짓지 않고 살았던 甲이 죽어서 시왕 세계에 간다면 초강대왕, 송제대왕, 염라대왕 등의 심판을 무사히 통과하여 최종적으로 오도전륜대왕의 심판을 받게 될 것이다.
ㄷ. 2016년 1월 11일에 죽은 乙은 1월 25일이 되기 전에 탈의파에게 옷을 빼앗기며 2월 15일에는 오관대왕의 심판을 받고 있을 것이다.
ㄹ. 시왕 신앙은 명부에서 죽은 자의 죄업을 측정할 수 있다고 보고 있으며, 죄의 무게를 측정하는 도구를 등장시킴으로써 이를 나타내고 있다.

① ㄱ, ㄴ ② ㄱ, ㄷ
③ ㄱ, ㄹ ④ ㄴ, ㄷ

4. (가)와 (나)를 전제로 할 때, 빈칸에 들어갈 결론으로 가장 적절한 것은?

(가) 역사에 관심이 있는 사람 중 일부는 유물 발굴에 관심이 있는 사람이 아니다.
(나) 박물관 큐레이터에 관심이 있는 사람은 모두 유물 발굴에 관심이 있는 사람이다.
따라서 _____.

① 박물관 큐레이터에 관심이 있는 사람은 모두 역사에 관심이 있는 사람이 아니다.
② 역사에 관심이 없는 사람 중 일부는 박물관 큐레이터에 관심이 있다.
③ 박물관 큐레이터에 관심이 있는 사람 중 일부는 역사에 관심이 있는 사람이 아니다.
④ 역사에 관심이 있는 사람 중 일부는 박물관 큐레이터에 관심이 없는 사람이다.

DAY 05

[5] 다음 글을 읽고 물음에 답하시오.

　단어의 품사를 분류할 때 단어가 가지는 의미로 인해 품사를 혼동할 수 있다. 예컨대, '이것은 보관하고, 나머지는 파기해라.'에서 '나머지'가 '이것'을 제외한 다른 것들을 가리킨다고 생각하여 '이것'과 같은 품사라고 생각할 수 있다. 하지만 '이것'은 대명사로서 말하는 이에게 가까이 있는 어떤 사물이든 대신할 수 있는 반면에, '나머지'는 명사로서 '어떤 한도에 차고 남은 부분'이라는 의미를 일정하게 가지고 있다. 또한 '길게 남기다.'와 '길이 남기다.'에서 '길게'와 '길이'는 '길-'의 의미와 관련되므로, 모두 형용사라고 생각할 수 있다. 하지만 '길게'는 '길-'에 어미 '-게'가 결합한 형용사의 활용형이고, '길이'는 '같이', '깨끗이'처럼 '길-'에 부사 파생 접미사 '-이'가 결합하여 만들어진 부사이다.

　한 단어가 두 가지 이상의 품사로 쓰일 수 있다는 점도 품사 분류 시에 유의해야 한다. '박자가 늦다.'에서 '늦다'는 속도가 느림을 나타내는 형용사로 쓰였다. 하지만 '그는 약속 시간에 항상 늦는다.'에서는 어간 '늦-'에 어미 '-는-'이 결합하여 전형적인 동사의 특성이 나타난다. 따라서 '늦다'는 형용사, 동사의 두 가지 품사로 쓰인다. 다른 사례로 '열'은 조사와 결합할 수 있으며, 정확한 수량을 나타내므로 수사로만 분류하기 쉽다. 하지만 '열 명이 왔다.'에서 '열'은 관형사인 '한'이나 '두'와 같이, 뒤에 오는 체언을 꾸며 주고 조사와 결합하지 않는다는 점에서 관형사로 분류하는 것이 일반적이다. 이와 마찬가지로 '그보다는 낫다.'의 '그'는 대명사로 분류하고, '그 책보다는 낫다.'의 '그'는 관형사로 분류한다.

5. 윗글을 바탕으로 〈보기〉의 ㉠~㉥을 탐구한 내용으로 적절한 것은?

보기
- ㉠이 장소에서도 잘 ㉡크는 식물이 ㉢둘이 있다.
- 크기가 ㉣큰 무가 ㉤여러 개가 있어서 ㉥반씩 나누었다.

① ㉠과 ㉤은 뒤에 오는 체언을 꾸며 주고 조사와 결합하지 않는다는 점에서 같은 품사로 분류할 수 있겠군.
② ㉠과 ㉥은 어떤 사물을 가리킨다는 의미를 가진다는 점에서 같은 품사로 분류할 수 있겠군.
③ ㉡과 ㉣은 어간에 동일한 형태의 어미가 결합하고 있다는 점에서 같은 품사로 분류할 수 있겠군.
④ ㉢과 ㉥은 대상의 수량을 정확하게 나타낸다는 점에서 같은 품사로 분류할 수 있겠군.
⑤ ㉣과 ㉥은 어미가 결합하며 뒤에 오는 성분을 꾸며 준다는 점에서 같은 품사로 분류할 수 있겠군.

MEMO

DAY 05 정답 및 해설 Week 3

DAY 05

| 1 ① | 2 ① | 3 ③ | 4 ④ | 5 ① |

1. ①

정답 분석

① '몰리눅스의 물음'에 관련된 실험에서 실험 대상 환자들이 모두 '촉각을 통해 인지한 형태와 시각만으로 인지한 형태를 성공적으로 연결할 수 있'었다면 생득론자의 주장인, "인간이 태어날 때 이미 외부의 정보를 처리하는 데 필요한 관념들을 가지고 있다."가 강화될 수 있다. 그러나 실험의 결과는 '둘 중 아무 것이나 마구 고른 경우와 거의 차이가 없'는 50%의 정답률이 도출되었다. 이 결과는 몰리눅스의 물음에 대해 '알아낼 수 없다'는 식의 부정적인 답변에 해당한다고 볼 수 있다. 따라서, 이 실험 결과는 생득론자의 주장을 약화시킬 수 있다. 한편 연구팀은 '그들이 대략 한 주 안에 정상인과 똑같이 시각만으로 사물의 형태를 정확히 읽을 수 있게 되었다.'라고 보고하였는데, 이는 '경험론자'의 견해를 강화시킬 수 있다.

이상의 내용을 정리하면, 연구결과는 몰리눅스의 물음에 대한 부정적인 답변으로 볼 수 있고, 이를 통해 경험론자들의 견해가 강화되었다고 볼 수 있다.

오답 분석

②, ③, ④ 정답 분석의 1문단을 참고해 보도록 하자. 참고로, 만약 몰리눅스의 물음에 긍정적인 답변으로 볼 수 있는 연구결과가 도출되었다면, 생득론자의 견해가 강화되었을 것이고, 경험론자의 견해는 약화되었을 것이다.

2. ①

정답 분석

① 마지막 문단에 따르면, 판매자들은 '대안재'에 주목하지 못하는 반면 대체재에 관련된 새로운 정보에 대해서는 큰 관심을 가진다. 따라서 선지와 같이 진술하는 것은 적절하다. (아마 이 문제는 어렵지 않게 풀 수 있었을 것 같은데, 쉽게 맞은 문제에 대한 해설은 안 보고 지나가는 수험생이 절대 다수인 것을 잘 인지하고 있다. 본인이 이 문제를 잘 풀었음에도, 하나라도 더 배우려는 자세로 해설을 열심히 보고 있을 학생을 위하여 TMI를 하나 알려주고자 한다. 다른 조건이 일정할 경우, 특정 상품, 혹은 서비스에 대한 대체재 혹은 대안재의 수가 많아질수록, 해당 상품, 혹은 서비스에 대한 수요의 가격 탄력성이 커진다.)

오답 분석

② 마지막 문단에 따르면, 판매자들은 고객들이 대안 산업군 전체에서 하나를 선택하게 되는 과정을 주목하지 못한다. 따라서 판매자들이 소비자들의 대안재 선택 과정을 잘 이해한다고 할 수는 없다.
③ 2문단에 따르면, 재무 소프트웨어와 회계사는 형태는 다르지만 동일한 기능을 갖고 있는 대체재의 관계에 있다.
④ 소비자들이 대체재와 대안재 중 어떤 것을 더 선호하는지는 지문을 통해 알 수 없다.

3. ③

문항 명사수의 눈

종교에 대한 인문 지문이지만 과정이 잘 드러나는 지문이다. 특히 평등대왕, 도시대왕, 오도전륜대왕 3대왕의 판결은 죄업이라는 조건에 따라 과정이 달라지는 것이므로 이를 잘 파악하고, 조건과 무관하게 공통인 과정과의 선후 관계를 잘 파악하는 것이 필요하다. 또 3문단에서 과정상의 순서와 서술 순서가 일치하지 않는 경우가 제시되고 있다. 넘버링은 과정의 순서를 적는 것이므로 서술의 순서로 무심결에 순서를 잘못 매기지 않도록 하자. 넘버링 이후에는 매긴 수가 먼저 눈에 띄므로 선지를 판단할 때 실수를 하게 될 위험이 있다. 넘버링의 목적을 유념하여 처음 매길 때 지문의 내용을 충분히 숙지하면서 처리할 수 있도록 하는 것이 중요하다.

정답 분석

③ ㄱ. 3문단에서 7일이 될 때까지 진광대왕의 처소에서 심문을 받고, 14일이 될 때까지는 초강대왕의 관청에 다다라 심판을 받는다고 제시되고 있으며, 4문단에서는 삼칠일, 즉 21일이 되면 송제대왕에게 억류되고 이후에 5문단에서 송제대왕의 심판을 통과한 망인들은 오관대왕의 앞으로 보내진다는 사실이 제시되고 있다. 이후 오칠일, 즉 35일에는 염라대왕에 의해 심판을 받게 된다는 사실이 6문단에서 제시되고 있으므로 지문에 제시된 순서에 따르면 진광대왕-초강대왕-송제대왕-오관대왕-염라대왕의 순으로 심판을 받게 됨을 파악할 수 있다.

ㄹ. 저승시왕은 죄업의 경중과 선행, 악행을 심판하는 주체이고, 오관대왕은 저울을 통해 죄의 무게를 측정한다고 제시되고 있으므로 적절하다고 판단할 수 있다.

오답 분석

ㄴ. 오도전륜대왕은 죄업을 많이 지은 자가 49일 이후 다시 심판을 받을 때 3년째에 마지막으로 심판받게 되는 대왕이므로 적절하다고 볼 수 없다.

ㄷ. 죽은 뒤 2주까지는 초강대왕의 심판을 받는데, 초강대왕의 관청으로 향하는 길에 탈의파라는 귀신이 옷을 빼앗으므로 을이 25일이 되기 전에 옷을 빼앗긴다는 것은 적절하다. 하지만 2월 15일은 죽은지 5주차가 되는 날로, 오관대왕이 아닌 염라대왕 밑에서 지낼 것이므로 적절하다고 보기 어렵다.

4. ④

정답 분석

④ (나)는 달리 말하면 유물 발굴에 관심이 없지만 박물관 큐레이터에 관심이 있는 사람은 없다는 것이므로, (가)와 (나)의 논리를 결합하면, 역사에 관심이 있는 일부 사람은 유물 발굴에 관심이 없고, 따라서 박물관 큐레이터에도 관심이 없다는 결론을 도출할 수 있다.

오답 분석

① 박물관 큐레이터에 관심이 있는 사람이 역사에 관심이 있을 수도 있으므로 해당 선지를 항상 참으로 볼 수는 없다.

② 역사에 관심이 없는 사람 중 일부가 유물 발굴에 관심이 없으므로, (나)와 결합해볼 때 박물관 큐레이터에 관심이 없다고 판단할 수 있을 뿐, 박물관 큐레이터에 관심이 있는지 단언할 수 없다.

③ 박물관 큐레이터에 관심이 있는 사람은 모두 유물 발굴에 관심이 있다는 조건만 주어졌을 뿐, 박물관 큐레이터에 관심이 있는 사람 중 일부가 역사에 관심이 없는지는 단정할 수 없다.

5. ①

정답 분석

① ㉠, ㉤은 관형사로서 뒤에 오는 체언을 꾸며 주고 조사와 결합하지 않는다.

오답 분석

② ㉠은 관형사이고, ㉥은 명사이다.

③ ㉡은 어간에 어미 '-는'이 결합하였고, ㉣은 어간에 어미 '-ㄴ'이 결합하였다.

④ ㉢의 품사는 수사이고, ㉥의 품사는 명사로 그 품사가 다르다.

⑤ ㉣의 품사는 형용사이고, ㉤의 품사는 관형사이다.

국어
치열하게
독하게

2026 **공무원 데일리 유대종 시즌 1**

WEEK 4

Week 4

[1] 다음 글을 읽고 물음에 답하시오.

컴퓨터 매체에 의존한 전자 심의가 민주정치의 발전을 가져올 수 있을까? 이 질문에 답하는 데 도움이 될 만한 실험들이 있었다. 한 실험에 따르면, 전자 심의에서는 시각적 커뮤니케이션이 없었지만 토론이 지루해지지 않았고 오히려 대면 심의에서는 드러나지 않았던 내밀한 내용들이 쉽게 표출되었다. 이것으로 미루어 보건대, 인터넷은 소극적이고 내성적인 사람들이 자신의 의견을 적극 표출하도록 만들 수 있다는 장점이 있다. 하지만 다른 실험은 대면 심의 집단이 질적 판단을 요하는 복합적 문제를 다루는 경우 전자 심의 집단보다 우월하다는 결과를 보여주었다.

이런 관점에서 보면 전자 심의는 소극적인 시민들의 생활에 숨어있는 다양한 의견들을 표출하기에 적합하며, 대면 심의는 책임감을 요하는 정치적 영역의 심의에 더 적합하다고 볼 수 있다. 정치적 영역의 심의는 복합적 성격의 쟁점, 도덕적 갈등 상황, 그리고 최종 판단의 타당성 여부가 불확실한 문제들과 깊이 관련되어 있기 때문이다. 어려운 정치적 결정일수록 참여자들 사이에 타협과 협상을 필요로 하는데, 그 타협은 일정 수준의 신뢰 등 '사회적 자본'이 확보되어 있을 때 용이해진다. 정치적 사안을 심의하려면 토론자들이 서로 간에 신뢰하고 있을 뿐 아니라 심의 결과에 대해 책임의식을 느끼고 있어야 하고, 이런 바탕 위에서만 이성적 심의나 분별력 있는 심의가 가능하다. 하지만 이것은 인터넷 공간에서는 확보되기 어려운 것으로 보인다.

1. 윗글의 내용과 부합하지 않는 것은?

① 인터넷을 통한 전자 심의는 내밀한 내용이 표출된다는 점에서 신뢰를 증진시킬 수 있다.
② 질적 판단을 요하는 복합적 문제를 다루는 데에는 대면 심의 집단이 우월한 경우가 있다.
③ 인터넷은 소극적이고 내성적인 사람들이 자신의 의견을 표출하도록 만들 수 있다는 장점이 있다.
④ 정치적 사안을 심의하려면 토론자들이 서로 신뢰하고 심의 결과에 대해 책임의식을 느껴야 한다.

[2] 다음 글을 읽고 물음에 답하시오.

　입법과정을 평가하는 전통적인 기준으로 민주성과 효율성이 있다. 민주성은 입법에 있어서 국민 다수의 의사를 얼마나 충실하게 반영했는가를 나타내는 기준이며, 효율성은 얼마나 적은 비용으로 필요한 입법을 많이 산출했는가를 나타내는 기준이다. 따라서 입법과정에 참여하는 사람들의 수가 많아지고 참여의 폭이 넓어질수록 민주성이 높아진다고 볼 수 있다. 반면에 입법에 투입되는 금전적 비용과 시간 등 기회비용을 줄이면서 제출된 법률안을 많이 통과시킬수록 입법과정의 효율성이 높아진다.
　입법과정을 평가하는 또 다른 기준으로 다수편향과 소수편향이라는 기준이 있다. 다수편향(majoritarian bias)이란 다수자가 형식적이고 기계적이며 경직된 다수결논리에 기대어 그들의 의사나 이익을 일방적으로 관철하려는 것을 말한다. 가령 다수자가 자신들의 수적 우위를 바탕으로 일방적인 의사결정을 강행하는 경우가 이에 해당한다. 반면에 소수편향(minoritarian bias)이란 소수자가 다수의 의사나 이익을 무시하고 그들의 의사나 이익을 일방적으로 관철하려는 것을 말한다. 가령 소수자가 위법하거나 부당한 수단을 이용하여 의사결정과정을 방해하는 경우가 소수편향에 해당한다. 이 기준은 입법과정이 다수의 이익과 소수의 이익을 얼마나 적절하게 조화시킬 수 있는지를 평가하는 기준이다.
　입법과정을 평가하는 세 번째 기준으로 순응비용과 거래비용이라는 기준이 있다. 순응비용이란 최종적인 의사결정에 동의하지 않은 개인이나 집단이 감수해야 할 비용을 말하며, 거래비용이란 최종적인 의사결정에 이르기까지 소요되는 비용을 가리키는 것이다. 일반적으로 다수편향이나 소수편향이 심화될수록 순응비용이 증대하게 된다. 한편 효율성이 높으면 거래비용이 낮아지고, 효율성이 낮으면 거래비용이 증가하게 된다.

2. 윗글에서 추론할 수 있는 것으로 적절한 것은?

① 의결정족수를 단순과반수에서 만장일치로 바꾸면 효율성이 낮아지고 소수편향을 발생시킬 가능성은 높아질 것이다.
② 다수편향과 소수편향은 모순관계에 있기 때문에 다수편향과 소수편향이 모두 발생하지 않는 경우는 없다.
③ 거래비용과 순응비용은 비례관계에 있기 때문에 거래비용이 높아지면 순응비용도 높아진다.
④ 민주성과 효율성은 반비례관계에 있기 때문에 민주성과 효율성이 동시에 증대될 수는 없다.

[3] 다음 글을 읽고 물음에 답하시오.

군사발전사에서 16세기는 화기(火器)와 근접전투를 연결시키는 과정에서 전술과 전략상의 주요한 변혁이 이루어졌던 시기라는 의미를 갖는다. 스페인은 그러한 변화를 다른 나라들보다 한 걸음 앞서 채택함으로써 유럽 최강국의 지위를 누릴 수 있었다. 전술상의 혁명을 국가의 군사력으로 전환하는 데는 그에 합당한 병력, 자원, 그리고 이것들을 효율적으로 운용할 수 있는 조직적 관리능력이 전제조건으로 요구되었다. 그러나 스페인의 경우 조직적 관리능력을 보유하지 못함으로써 이후 보유하던 자원마저 소멸시키는 결과를 빚게 되었다. 이 문제는 물론 스페인에만 국한된 것은 아니었으나 스페인의 경우 조직적 관리능력의 결핍이 가져오는 정치적 결과를 가장 잘 대변해 주는 사례이다.

이에 비해 17세기는 각국의 군사력 강화노력이 단순히 병력규모나 화력의 양적 증가에 머무르지 않고 군대조직과 군사력 증강에 직접 관련되는 사회적 자원동원 면에서 국가의 중앙적 관리와 통제를 조직화하는 방향으로 기울어진 시기로 지적할 수 있을 것이다. 말을 바꾸어 이 시기는 군대를 국가의 바깥에 존재하는 별도 기구에서 국가의 유기적 부분으로 만드는 노력이 진행된 기간이었다.

이 시기에 네덜란드의 나소 가문은 새로운 전투 대형을 고안하여 전술상의 혁신을 이끌어냈다. 그러나 더욱 중요한 의미는 단순히 새로운 전투대형의 문제를 넘어서 그러한 대형이 전투에서 효과를 거두게 할 수 있는 병사들의 효율적 조직에 있었다. 새로운 전투대형이 효과를 거두기 위해서는 전술 단위부대가 하나의 기계처럼 신속하게 그리고 무엇보다도 통일되게 움직이는 것이 중요하였다. 이것이 가능하기 위해서는 병사들이 자신의 개성을 죽이고 지휘관의 명령에 즉각적으로 복종할 수 있는 자세를 갖추는 것이 필수적이었다. 14세기 스위스 보병군이 기마군에 맞서 성공할 수 있었던 것은 바로 이러한 점에 기반을 둔 것이었다. 그러나 스위스군의 경우 그러한 자세의 확보는 기계적 훈련이 아니라 스위스 공동체의 민주적 연대의식에 입각한 습관화에 바탕을 둔 것이었다. 반면 기본적으로 용병들을 바탕으로 조직된 네덜란드 군대의 경우 그러한 병사들의 자세는 자발적 또는 습관적으로 얻어질 수 있는 것이 아니라 일정한 훈련을 필요로 하는 것이었다. 훈련과 기율을 바탕으로 부대를 하나의 기계같이 만든 것이 모리스가 행한 전술상 혁신의 핵심적 내용이었다.

이러한 새로운 전투대형의 도입은 개인화기의 사용에 의해 야기된 것이었다. 개인화기의 도입은 병사들의 훈련기간을 줄이고 병사 개개인의 기술에 대한 의존도를 줄이고자 하는 의도에서 도입되었다. 당시 개인화기의 정확도는 대단히 낮았기에 전술적으로 개인화기가 아니라 집단적 화기처럼 사용되었다. 따라서 개인사수의 사격능력은 상대적으로 덜 중요했다. 집단적 화기의 효과를 얻기 위해서는 일정한 전투대형 속에서 병사 개개인들의 통일적 행동이 중요했는데, 이 점에서 창병들을 대형 속에서 전투하도록 훈련하는 것에 비해 시간적, 재정적으로 훨씬 큰 효율성을 가져올 수 있었다.

모리스의 이러한 혁신에서 부대는 마치 공업 생산단위 조직과 같은 성격을 지니는 것으로 여겨진다. 즉 조직을 구성하는 개개인의 노동자가 최소한의 지능과 기계적, 일상적 작업과정에만 익숙하면 특출난 재능을 보유하지 않아도 조직의 힘으로 일관된 생산공정을 이끌어 나갈 수 있듯이, 전투도 조직구성원들이 수행해 내는 반복된 훈련을 통해 얻어지는 표준적 기능을 통해 대량적 전투효과를 얻을 수 있게 되는 것이다.

3. 윗글에서 추론할 수 있는 것으로 적절한 것을 〈보기〉에서 모두 고른 것은?

보기

ㄱ. 16세기 스페인이 유럽 최강국으로서의 지위를 누릴 수 있었던 것은 전술상의 혁명을 국가의 군사력으로 전환하기 위한 병력과 자원, 효율적인 조직적 관리능력을 보유하고 있었기 때문이다.

ㄴ. 17세기 서유럽 각국의 군사력 강화노력은 병력규모나 화력의 양적 증가에만 머무른 것은 아니었다.

ㄷ. 14세기 스위스 보병군이 기마군에 맞서 성공할 수 있었던 것은 훈련과 기율을 바탕으로 병사들이 자신의 개성을 죽이고 지휘관의 명령에 즉각적으로 복종할 수 있었기 때문이다.

ㄹ. 개인화기 도입과 함께 일정한 전투대형 속에서 병사 개개인의 통일적 행동이 중요했던 이유 중 하나는 당시 개인화기의 정확도가 매우 낮았기 때문이다.

ㅁ. 모리스가 행한 전술상 혁신의 핵심 내용은 기계적, 일상적 작업과정에 익숙한 공장노동자들을 전투의 조직 구성원으로 전환시키는 것이다.

① ㄱ, ㄴ   ② ㄱ, ㅁ
③ ㄴ, ㄷ   ④ ㄴ, ㄹ

4. (가), (나), (다)를 전제로 할 때, 빈칸에 들어갈 결론으로 가장 적절한 것은?

(가) 법에 관심이 있는 사람 중 일부는 사회 정의에 관심이 있는 사람이 아니다.
(나) 판사 직업에 관심이 있는 사람은 모두 사회 정의에 관심이 있는 사람이다.
(다) 사회 정의에 관심이 있는 사람 중 일부는 법에 관심이 없는 사람이다.
따라서 _____

① 법에 관심이 있는 사람은 모두 판사 직업에 관심이 있는 사람이다.
② 법에 관심이 없으면 사회 정의에 관심이 없다.
③ 판사 직업에 관심이 있는 사람 중 일부는 법에 관심이 없는 사람이다.
④ 법에 관심이 있는 사람 중 일부는 판사 직업에 관심이 없는 사람이다.

5. 〈보기〉의 ⓐ~ⓔ에 대한 이해로 적절한 것은?

> **보기**
>
> 국어의 어미는 용언 어간에 붙어 여러 가지 문법적인 기능을 수행한다. 어미는 선어말 어미와 어말 어미로 나누어진다. 선어말 어미는 용언 어간과 어말 어미 사이에 들어가는 것으로 시제나 높임과 같은 문법적 의미를 나타낸다. 선어말 어미는 하나 혹은 둘 이상이 쓰일 수도 있고 아예 쓰이지 않을 수도 있다. 한편 어말 어미에는 종결 어미, 연결 어미, 전성 어미가 있다. 어말 어미는 선어말 어미와 달리 하나만 붙고, 반드시 있어야 한다.
>
> - 머무시는 동안 ⓐ<u>즐거우셨길</u> 바랍니다.
> - 이 부분에서 물이 ⓑ<u>샜을</u> 가능성이 높다.
> - ⓒ<u>번거로우시겠지만</u> 서류를 챙겨 주세요.
> - 시원한 식혜를 먹고 갈증이 싹 ⓓ<u>가셨겠구나.</u>
> - 항구에 ⓔ<u>다다른</u> 배는 새로운 항해를 준비했다.

① ⓐ : 선어말 어미 두 개와 연결 어미가 사용되었다.
② ⓑ : 선어말 어미 없이 전성 어미가 사용되었다.
③ ⓒ : 선어말 어미 세 개와 연결 어미가 사용되었다.
④ ⓓ : 선어말 어미 두 개와 종결 어미가 사용되었다.
⑤ ⓔ : 선어말 어미 한 개와 전성 어미가 사용되었다.

MEMO

DAY 01 정답 및 해설

Week 4

DAY 01

| 1 ① | 2 ① | 3 ④ | 4 ④ | 5 ④ |

1. ①

정답 분석

① 1문단 진술에 의거하여, 인터넷을 통한 전자 심의는 내밀한 내용이 표출될 수 있음을 알 수 있다. 그러나 2문단에 따르면, 정치적 사안을 심의하기 위해서는 토론자 상호 신뢰와 심의 결과에 대한 책임의식이 요구되는데, 인터넷 공간에서는 이것이 확보되기 어렵다. 따라서, 인터넷을 통한 전자 심의가 신뢰를 증진시킬 수 있다고 볼 수는 없다.

오답 분석

② 1문단에 따르면, 질적 판단을 요하는 복합적 문제를 다루는 경우 대면 심의 집단이 전자 심의 집단보다 우월하다는 실험 결과가 존재한다. 이 결과를 바탕으로 이 선지가 적절한 진술임을 알 수 있다.
③ 1문단에 따르면, 인터넷은 소극적이고 내성적인 사람들이 자신의 의견을 적극 표출하도록 만들 수 있다는 장점이 있다.
④ 2문단에 따르면, 정치적 사안을 심의하려면 토론자들이 서로 간에 신뢰하고 있을 뿐 아니라 심의 결과에 대해 책임의식을 느끼고 있어야 한다.

2. ①

> **문항 명사수의 눈**
>
> 지문에서 '전통적'이라는 표현이 제시되었다면 이후에 '전통'에서 벗어난 새로운 것이 제시된다는 것을 함축한다고 볼 수 있다. 여기서는 '다수편향과 소수편향', '순응비용과 거래비용'이라는 기준과 대비되어 제시되고 있는데, 1문단을 읽으면서 '전통적인 기준'과 대비되는 것이 나올 것임을 파악할 수 있었다면 속성 대비를 위한 속성 정리를 해 둘 수 있었을 것이다.

정답 분석

① 1문단에 따르면 효율성은 금전적 비용과 시간 등의 기회비용 대비 통과된 법률안의 수가 많을수록 높아지고, 2문단에 따르면 소수편향은 소수자가 의사결정과정을 방해하는 것에 해당한다. 의결정족수가 단순과반수가 아닌 만장일치라면, 소수자는 다수의 의견을 묵살하고 무조건 의결을 반대하는 것을 통해 의사결정과정을 방해하기 쉬워지므로 소수편향이 발생할 가능성은 높아지고, 이렇게 의사결정과정이 방해되면 만장일치가 이루어지지 않아 시간이 흘러도 법률안은 통과되지 못하므로 효율성 또한 낮아질 것이라고 판단할 수 있어 적절하다.

오답 분석

② 2문단에 따르면 다수편향은 다수가 소수의 의사와 이익을 묵살하는 것이며, 소수편향은 소수가 다수의 의사와 이익을 묵살하는 것이다. 입법 과정에서 다수와 소수의 의사와 이익을 적절하게 조화하여 다수가 소수의 의사를 묵살하지도, 소수가 다수의 의사와 이익에 무관하게 의사결정을 방해하지도 않는다면 다수편향도, 소수편향도 존재하지 않고 입법이 이루어질 수 있을 것이므로 적절하다고 보기 어렵다.
③ 3문단에 따르면 순응비용은 최종적인 의사결정에 동의하지 않은 이들이 감수하는 비용이고, 거래비용은 의사결정에 이르기까지 소요된 비용이다. 둘 사이에 비례관계가 성립한다고 제시된 바 없으며, 거래비용을 충분히 지불하여 최종적인 의사결정에 모든 이들을 동의시킬 수 있다면 순응비용은 0이 될 수 있을 것이므로 적절하다고 보기 어렵다.
④ 1문단에 따르면 민주성은 의사 반영 차원의 기준이며, 효율성은 비용 차원의 기준이다. 둘이 반비례관계에 있다고 제시된 바 없으며, 입법 과정에 참여하는 사람이 증가하더라도 입법에 소요되는 예산이 감축되거나, 소수 의원들의 긴 토의 대신 다수 의원들이 상대적으로 빠른 시간 안에 투표하여 의사를 결정하는 등의 방법으로 시간을 단축시킬 수 있다면 민주성과 효율성이 모두 증대될 수 있을 것이므로 적절하다고 보기 어렵다.

3. ④

문항 명사수의 눈

1문단을 읽으며 해당 지문이 '발전사', 즉 통시적 흐름 아래의 변화를 다룰 것임을 파악할 수 있다. 이렇게 변화상을 중심으로 지문이 쓰인 경우 구체적인 시간, 이 경우 14세기, 16세기, 17세기 등의 시대 표현과 연결어에 집중해 주는 것이 필요하다. 또한 비유와 서술은 구분할 수 있도록 하자. 'A이듯이, B하는 것이다'는 실제로 A라는 것이 아니라, A인것과 유사하다는 것일 뿐이다. 이를 유념했다면 ㅁ을 쉽게 걸러 낼 수 있었을 것이다.

정답 분석

④ ㄴ. 2문단에서 17세기는 각국의 군사력 강화 노력이 단순히 병력 규모나 화력의 양적 증가에 머무르지 않았다고 제시되고 있으므로 적절하다고 판단할 수 있다.

ㄹ. 4문단에서 새로운 전투대형의 도입은 개인화기 정확도가 대단히 낮아 집단적 화기처럼 사용되면서 집단적 화기의 효과를 얻기 위한 개개인의 통일적 행동이 중요해졌기 때문임이 제시되고 있으므로 적절하다고 판단할 수 있다.

오답 분석

ㄱ. 1문단에 따르면 스페인은 전술과 전략상의 주요한 변혁을 다른 나라들보다 한 걸음 앞서 채택했지만, 조직적 관리능력을 보유하지 못해 이후 보유하던 자원마저 소멸시키게 되었다고 제시되고 있으므로 적절하지 않다고 판단할 수 있다.

ㄷ. 3문단에서 스위스 보병군은 개개인의 개성을 죽이고, 지휘관의 명령에 즉각적으로 복종하여 기마군에 맞서 성공할 수 있었다고 제시되고 있지만, 이는 기계적 훈련이 아닌 민주적 연대의식에 입각한 습관화에 바탕을 둔 것이었다고 제시되고 있으므로 적절하지 않다고 판단할 수 있다.

ㅁ. 5문단에서 모리스의 혁신에서 노동자가 작업과정에만 익숙하면 특출난 재능을 보유하지 않아도 조직의 힘으로 일관된 생산공정을 이끌어 나갈 수 있는 것처럼 전투도 조직구성원들의 반복된 훈련을 통해 얻어지는 표준적 기능으로 대량적 전투효과를 얻을 수 있게 된다고 제시되고 있지만 이는 전투원이 노동자와 비슷한 면이 있다는 것이지, 공장노동자를 전투의 조직구성원으로 전환시켰다는 것은 아니므로 적절하지 않다고 판단할 수 있다.

4. ④

정답 분석

④ 법에 관심이 있으면서 사회 정의에 관심이 있지 않은 누군가가 존재한다.(첫 번째 진술)

그러므로, 사회 정의에 관심이 없다면, 판사 직업에 관심이 없으므로 (두 번째 진술의 대우)

그 누군가는 법에 관심이 있으면서, 판사 직업에 관심이 없는 누군가가 존재한다.

오답 분석

① (나)에 따르면 모든 판사는 사회 정의에 관심이 있다. 하지만 (가)에 따르면 법에 관심이 있지만 사회 정의에는 관심이 없는 사람이 있고, 그 사람은 사회 정의에 관심이 없어 (나)에 따른 판사의 조건을 만족하지 못하므로, 법에 관심이 있으면서 판사 직업에 관심이 없는 누군가가 하나는 존재한다. 고로 해당 선지는 틀렸다.

② 이 문장의 대우는 사회 정의에 관심이 있으면, 법에 관심이 있다는 이야기인데, 그러한 판단을 위의 진술을 통해 단정 지을 수가 없다. 오히려 (다)에 따르면 사회 정의에 관심이 있지만 법에는 관심이 없는 어떤 사람이 존재한다.

③ (나)와 (다)로부터 도출될 수 있다고 생각할 수 있지만, 판사 직업에 관심이 있는 사람 중 법에 관심 없는 이의 존재 확인은 해당 진술들을 통해서는 타당하게 추론할 수 없다.

DAY 01 정답 및 해설 — Week 4

5. ④

정답 분석

④ '시원한 식혜를 먹고 갈증이 싹 가셨겠구나.'에서 '가셨겠구나'는 '어떤 상태가 없어지거나 달라지다'를 뜻하는 동사 '가시다'의 활용 형태로서, '가시-+-었-+-겠-+-구나'로 분석할 수 있다. 그러므로 '가셨겠구나'는 선어말 어미 '-었-', '-겠-'과 종결 어미 '-구나'가 사용되었다. 따라서 선어말 어미 두 개와 종결 어미가 사용되었다는 진술은 적절하다.

오답 분석

① '즐거우셨길'은 '즐겁-+-(으)시-+-었-+-기+ㄹ'로 분석할 수 있으며, 선어말 어미 '-(으)시-', '-었-'과 전성 어미 '-기'가 사용되었다. 따라서 선어말 어미 두 개와 전성 어미가 사용되었으므로 적절하지 않다. 참고로, 'ㄹ'은 받침이 없는 체언 뒤에 붙는 구어적 조사로, '를'로 바꿀 수 있다. 그리고 '즐겁다'는 'ㅂ 불규칙 활용'을 하는 용언이므로 선어말 어미 '-(으)시-' 앞에서 'ㅂ'이 '우'로 교체하여 '즐거우시-'의 형태로 활용되었다.

② '샜을'은 '새-+-었-+-을'로 분석할 수 있으며, 선어말 어미 '-었-'과 전성 어미 '-을'이 사용되었다. 따라서 선어말 어미가 없다는 진술은 적절하지 않다.

③ '번거로우시겠지만'은 '번거롭-+-(으)시-+-겠-+지만'으로 분석할 수 있으며, 선어말 어미 '-(으)시-', '-겠-'과 연결 어미 '-지만'이 사용되었다. 따라서 선어말 어미 세 개가 사용되었다는 진술은 적절하지 않다. 참고로 '번거롭다'는 'ㅂ 불규칙 활용'을 하는 용언이므로 선어말 어미 '-(으)시-' 앞에서 'ㅂ'이 '우'로 교체하여 '번거로우시-'의 형태로 활용되었다.

⑤ '다다른'은 '다다르-+-ㄴ'으로 분석할 수 있으며, 선어말 어미 없이 전성 어미 '-ㄴ'이 사용되었다. 따라서 선어말 어미 한 개가 사용되었다는 진술은 적절하지 않다.

MEMO

DAY 02

Week 4

[1] 다음 글을 읽고 물음에 답하시오.

　우리가 많이 사용하는 진통제 대부분은 비마약성 진통제로, 통증을 유발하는 물질이 생성되지 않도록 말초신경계에서 차단하여 통증이 뇌로 전달되는 것을 막아주는 역할을 한다. 대표적인 비마약성 진통제에는 아스피린, 아세트아미노펜 등이 있다. 비마약성 진통제를 사용해도 통증이 사라지지 않는 경우에는 중추신경계에 직접적으로 작용하는 마약성 진통제를 사용하기도 한다. 마약성 진통제로 가장 잘 알려진 모르핀은 양귀비에서 추출한 아편유도체(opiate) 계통의 약물로, 암과 같이 일반적인 진통제가 듣지 않는 극심한 통증에 주로 쓰인다. 마약성 진통제는 척수나 뇌간에 작용해 통증 신호가 뇌의 감각피질에 도달하는 것을 차단한다.

　1950년에 처음 소개된 뇌심부자극술(DBS; Deep Brain Stimulation) 요법은 뇌의 특정부위에 전극을 삽입한 뒤 자극을 줘서 신경세포의 활동을 억제하여 통증을 감소시키는 기법이다. 아직까지는 약물을 통해 통증을 치료하는 방법이 주로 쓰이고 있지만, 선진국에서는 통제하기 힘든 통증을 줄이기 위해 뇌심부자극술 요법을 꾸준히 연구하고 있다.

　크고 작은 통증들은 다양한 통로를 통해 전달되는데, 말초신경계에서 포착된 통증 신호는 척수와 뇌관 그리고 감각시상(sensory thalamus)을 거쳐 뇌의 감각피질로 전달된다. 감각시상은 후각을 제외한 모든 감각정보를 감각피질로 전달할지 차단할지를 결정하는 감각통제기능을 지닌 것으로 알려져 있다. 예를 들어 우리가 의식이 있을 때는 시상이 모든 감각정보를 감각피질로 전달해 의식 활동이 가능하게 해 주지만, 수면 중에는 대부분의 감각정보를 차단해 우리가 깨지 않고 휴식을 취할 수 있게 해준다. 한편 이미 감지된 통증을 감소시키는 경로도 존재한다. 뇌관의 도수관주변회백질(PAG; Peri Aqueductal Gray)에서 척수로 이어지는 경로는 신경전달물질의 일종인 아편유도체(opiate)를 분비한다. 이는 말초신경을 타고 들어오는 통증신호를 척수에서 차단하는 역할을 하는 것으로 알려져 있다.

　최근 연구 결과를 살펴보면 감각시상세포는 두 가지 발화패턴이 있는 것으로 알려져 있다. 첫째, 긴장성 발화(tonic firing)는 한 번에 신경세포를 흥분시키는 활동전위(action potential)가 하나씩 발생하며 이를 통해 감각정보가 감각피질로 전달된다. 또 다른 발화 패턴인 폭발성 발화(burst firing)는 한 번에 2개 이상의 전기신호가 짧은 시간 동안 발생하는데, 이 전기신호의 전후로 신경세포의 발화가 억제된다.

1. 윗글을 읽고 〈보기〉의 빈칸에 들어갈 내용으로 가장 적절한 것은?

　보기

　따라서 이론적으로는 ＿＿＿＿＿＿＿＿＿ 통증을 효과적으로 감소시킬 수 있을 것으로 예상된다.

---

① 감각시상을 자극하여 사람의 의식이 있을 때와 유사한 뇌 환경을 만들어주면
② 감각시상에 감각시상세포의 폭발성 발화를 모방한 전기 자극을 주면
③ 감각시상에 감각시상세포의 긴장성 발화를 모방한 전기 자극을 주면
④ 도수관주변회백질(PAG)에 아편유도체(opiate) 분비를 억제하는 전기 자극을 주면

[2] 다음 글을 읽고 물음에 답하시오.

오늘날 대부분의 경제 정책은 경제의 규모를 확대하거나 좀 더 공평하게 배분하는 것을 도모한다. 하지만 뉴딜 시기 이전의 상당 기간 동안 미국의 경제 정책은 성장과 분배의 문제보다는 '자치(self-rule)에 가장 적절한 경제 정책은 무엇인가?'의 문제를 중시했다.

그 시기에 정치인 A와 B는 거대화된 자본 세력에 대해 서로 다르게 대응하였다. A는 거대 기업에 대항하기 위해 거대 정부로 맞서기보다 기업 담합과 독점을 무너뜨려 경제 권력을 분산시키는 것을 대안으로 내세웠다. 그는 산업 민주주의를 옹호했는데 그 까닭은 그것이 노동자들의 소득을 증진시키기 때문이 아니라 자치에 적합한 시민의 역량을 증진시키기 때문이었다. 반면 B는 경제 분산화를 꾀하기보다 연방 정부의 역량을 증가시켜 독점자본을 통제하는 노선을 택했다. 그에 따르면, 민주주의가 성공하기 위해서는 거대 기업에 대응할 만한 전국 단위의 정치권력과 시민 정신이 필요하기 때문이었다. 이렇게 A와 B의 경제 정책에는 차이점이 있지만, 둘 다 경제 정책이 자치에 적합한 시민 도덕을 장려하는 경향을 지녀야 한다고 보았다는 점에서는 일치한다.

하지만 뉴딜 후반기에 시작된 성장과 분배 중심의 정치경제학은 시민 정신 중심의 정치경제학을 밀어내게 된다. 실제로 1930년대 대공황 이후 미국의 경제 회복은 시민의 자치 역량과 시민 도덕을 육성하는 경제 구조 개혁보다는 케인즈 경제학에 입각한 중앙정부의 지출 증가에서 시작되었다. 그에 따라 미국은 자치에 적합한 시민 도덕을 강조할 필요가 없는 경제 정책을 펼쳐나갔다. 또한 모든 가치에 대한 판단은 시민 도덕에 의지하는 것이 아니라 개인이 알아서 해야 하는 것이며 국가는 그 가치관에 중립적이어야만 공정한 것이라는 자유주의 철학이 우세하게 되었다. 모든 이들은 자신이 추구하는 가치와 상관없이 일정 정도의 복지 혜택을 받을 권리를 가지게 되었다. 하지만 공정하게 분배될 복지 자원을 만들기 위해 경제 규모는 확장되어야 했으며, 정부는 거대화된 경제권력들이 망하지 않도록 국민의 세금을 투입하여 관리하기 시작했다. 그리고 시민들은 자치하는 자 즉 스스로 통치하는 자가 되기보다 공정한 분배를 받는 수혜자로 전락하게 되었다.

2. 윗글의 내용과 부합하지 않는 것은?

① A는 시민의 소득 증진을 위하여 경제권력을 분산시키는 방식을 택하였다.
② B는 거대 기업을 규제할 수 있는 전국 단위의 정치권력이 필요하다는 입장이다.
③ A와 B는 시민 자치 증진에 적합한 경제 정책이 필요하다는 입장이다.
④ A와 B의 정치경제학은 모두 1930년대 미국의 경제 위기 해결에 주도적 역할을 하지 못하였다.

[3] 다음 글을 읽고 물음에 답하시오.

(가) 의학적으로 환자가 의식의 회복가능성이 없고 생명과 관련된 중요한 생체기능을 회복할 수 없으며 환자의 신체상태에 비추어 짧은 시간 내에 사망에 이를 수 있음이 명백한 경우(이하 '회복불가능한 사망의 단계'라 한다)에 이루어지는 진료행위(이하 '연명치료'라 한다)는, 원인이 되는 질병의 호전을 목적으로 하는 것이 아니라 질병의 호전을 사실상 포기한 상태에서 오로지 현 상태를 유지하기 위하여 이루어지는 치료에 불과하므로, 그에 이르지 아니한 경우와는 다른 기준으로 진료중단 허용 가능성을 판단하여야 한다. 이미 의식의 회복가능성을 상실하여 더 이상 인격체로서의 활동을 기대할 수 없는 회복불가능한 사망의 단계에 이른 후에는 의학적으로 무의미한 신체 침해 행위에 해당하는 연명치료를 환자에게 강요하는 것이 오히려 인간의 존엄과 가치를 해하게 되므로, 이와 같은 예외적인 상황에서 죽음을 맞이하려는 환자의 의사결정을 존중하여 환자의 인간으로서의 존엄과 가치 및 행복추구권을 보호하는 것이 사회상규에 부합하고 헌법정신에도 어긋나지 아니한다. 그러므로 회복불가능한 사망의 단계에 이른 후에 환자가 인간으로서의 존엄과 가치 및 행복추구권에 기초하여 자기결정권을 행사하는 것으로 인정되는 경우에는 특별한 사정이 없는 한 연명치료의 중단이 허용될 수 있다.

(나) 생명에 직결되는 진료에서 환자의 자기결정권은 소극적으로 그 진료 내지 치료를 거부하는 방법으로는 행사될 수 있어도 이미 환자의 신체에 삽입, 장착되어 있는 인공호흡기 등의 생명유지장치를 제거하는 방법으로 치료를 중단하는 것과 같이 적극적인 방법으로 행사하는 것은 허용되지 아니한다. 환자가 인위적으로 생명을 유지, 연장하기 위한 생명유지장치의 삽입 또는 장착을 거부하는 경우, 특별한 사정이 없는 한, 비록 환자의 결정이 일반인의 관점에서는 비합리적인 것으로 보이더라도 의료인은 환자의 결정에 따라야 하고 일반적인 가치평가를 이유로 환자의 자기결정에 따른 명시적인 선택에 후견적으로 간섭하거나 개입하여서는 아니 된다. 그러나 이와는 달리, 이미 생명유지장치 삽입 또는 장착되어 있는 환자로부터 생명유지장치를 제거하고 그 장치에 의한 치료를 중단하는 것은 환자의 현재 상태에 인위적인 변경을 가하여 사망을 초래하거나 사망시간을 앞당기는 것이므로, 이미 삽입 또는 장착되어 있는 생명유지장치를 제거하거나 그 장치에 의한 치료를 중단하라는 환자의 요구는 특별한 사정이 없는 한 자살로 평가되어야 하고, 이와 같은 환자의 요구에 응하여 생명유지장치를 제거하고 치료를 중단하는 것은 자살에 관여하는 것으로서 원칙적으로 허용되지 않는다. 다만, 생명유지장치가 삽입, 장착되어 있는 상태에서도 환자가 몇 시간 또는 며칠 내와 같이 비교적 아주 짧은 기간 내에 사망할 것으로 예측, 판단되는 경우에는, 환자가 이미 돌이킬 수 없는 사망의 과정에 진입하였고 생명유지장치에 의한 치료는 더 이상 의학적으로 의미가 없으며 생명의 유지, 보전에 아무런 도움도 주지 못하는 것이므로, 이 때에는 생명유지장치를 제거하고 치료를 중단하는 것이 허용된다.

3. 윗글 (가)와 (나)에 대한 설명으로 적절한 것은?

① (가)는 연명치료와 관련하여 환자의 자기결정권을 인정하지만, (나)는 이를 인정하지 않는다.
② (가)는 환자의 자기결정권이 생명유지장치의 삽입과 장착을 거부하는 것을 포함하는 것으로 보지만, (나)는 그렇게 보지 않는다.
③ (가)에 의해 연명치료의 중단이 허용되지 않는 경우는 (나)에 의해서도 연명치료의 중단이 허용되지 않는다.
④ (가)와 (나)는 회복불가능한 사망의 단계에 이르지 않은 환자의 생명유지장치를 제거하는 것을 허용한다.

4. (가)와 (나)를 전제로 결론을 이끌어 낼 때, 빈칸에 들어갈 말로 가장 적절한 것은?

> (가) 축구를 잘하는 사람은 모두 머리가 좋다.
> (나) 축구를 잘하는 어떤 사람은 키가 작다.
>   따라서 _____

① 키가 작은 어떤 사람은 머리가 좋다.
② 키가 작은 사람은 모두 머리가 좋다.
③ 머리가 좋은 사람은 모두 축구를 잘한다.
④ 머리가 좋은 어떤 사람은 키가 작지 않다.

5. 〈보기 1〉의 ㉠~㉢에 해당하는 예만을 〈보기 2〉에서 고른 것은?

> **보기 1**
>
>   연결 어미 '-고'의 쓰임은 다양하다. 먼저 ㉠앞 절과 뒤 절의 사실을 대등하게 벌여 놓는 경우가 있다. 또한 ㉡앞뒤 절의 두 사실 간에 계기적인 관계가 있음을 나타내는 경우나, ㉢앞 절의 동작이 이루어진 그대로 지속되는 가운데 뒤 절의 동작이 일어남을 나타내는 경우도 있다.

> **보기 2**
>
> • 그들은 서로 손을 쥐고 팔씨름을 했다.
>   ⓐ
> • 어머니는 나를 업고 병원으로 달려갔다.
>   ⓑ
> • 나는 그가 정직하고 성실하다는 것을 알고 있었다.
>   ⓒ
> • 눈 깜짝할 사이에 다리가 벌에 쏘이고 퉁퉁 부었다.
>   ⓓ
> • 그 책은 내가 읽을 책이고 이 책은 내가 읽은 책이다.
>   ⓔ

① ㉠ : ⓐ, ⓒ   ② ㉡ : ⓑ, ⓔ   ③ ㉡ : ⓓ, ⓔ
④ ㉢ : ⓐ, ⓑ   ⑤ ㉢ : ⓒ, ⓓ

DAY 02 정답 및 해설   Week 4

DAY 02

| 1 ② | 2 ① | 3 ③ | 4 ① | 5 ④ |

1. ②

> **문항** 명사수의 눈
>
> 빈칸이 지문의 맥락에서 벗어나 보기로 제시되고 있지만, 기본적인 요령은 지문에 빈칸이 제시되었을 때와 같다. 빈칸은 맥락을 살펴야하므로, 빈칸의 앞뒤로 제시된 연결어에 민감히 반응해 주었어야 한다. 이 경우 '따라서'처럼 결론을 이끄는 말이 제시되고 있으므로 지문의 마지막 부분에 이어지는 내용으로 처리해 줄 수 있었을 것이다. 통증의 감소, 즉 진통은 지문의 중심 내용이므로 마지막 문단에 관련된 내용이 있을 가능성이 높다고 판단했다면 글을 잘 읽어 낸 것이다.

정답 분석

② 4문단에 따르면 감각시상세포의 폭발성 발화 이후에는 신경세포의 발화가 억제된다. 감각정보가 전달되는 것은 긴장성 발화를 통한 것이므로, 폭발성 발화를 모방한 전기 자극이 주어지면 긴장성 발화가 억제되어 감각정보가 전달되지 못하면서, 통증을 감소시킬 수 있을 것이기 때문에 적절하다고 판단할 수 있다.

오답 분석

① 3문단에 따르면 의식이 있을 때는 시상이 모든 감각정보를 감각피질로 전달하므로 적절하다고 볼 수 없다.
③ 4문단에 따르면 긴장성 발화를 통해 감각피질에 감각정보가 전달되므로 적절하다고 볼 수 없다.
④ 3문단에 따르면 아편유도체는 통증신호를 척수에서 차단하는 역할을 하는 것으로 알려져 있다. 따라서 이를 차단하는 것은 통증 경감에 도움이 되지 않을 것이기에 적절하다고 볼 수 없다.

2. ①

정답 분석

① 2문단에 따르면, A는 경제권력을 분산시키는 것을 대안으로 내세우긴 하였으나, 이는 경제권력 분산이 노동자들의 소득을 증진시키기 때문이 아니라 자치에 적합한 시민의 역량을 증진시키기 때문이었다. 따라서 시민의 소득 증진이 A가 경제권력을 분산시키는 방법을 택한 이유라고 진술할 수 없다.

오답 분석

② 2문단에 따르면, B는 전국 단위의 정치권력과 시민 정신이 필요하기 때문에 연방 정부의 역량을 증가시켜 독점자본을 통제하는 노선을 택하였다.
③ 2문단 마지막 문장에 따르면, A와 B는 정책이 자치에 적합한 시민 도덕을 장려하는 경향을 지녀야 한다고 보았다는 점에서 일치한다.
④ 3문단에 따르면, 1930년대 대공황 이후 미국의 경제 회복은 시민의 자치 역량과 시민 도덕을 육성하는 경제 구조 개혁(=A와 B의 정치 경제학과 같은 말)보다는 케인즈 경제학에 입각한 중앙정부의 지출 증가에서 시작되었다. 이를 통해 선지의 적절함을 알 수 있다.

국어 치열하게 독하게

3. ③

문항 명사수의 눈

이렇게 (가), (나)가 분리되어 제시되는 경우 (가) 지문과 (나) 지문이 어떤 관계를 맺고 있는지 큰 틀에서 파악하는 것이 선지 판단에 도움이 될 수 있다. 두 지문이 (가)와 (나)로 엮인 만큼 둘이 공유하는 큰 틀의 주제 등이 존재할 것인데, 각각의 지문을 읽는다는 관점으로 접근한 뒤 글의 '핵심'을 파악할 수 있었다면 (가)와 (나)가 같은 핵심의 구체화로 엮인 것인지, 같은 핵심의 서로 다른 입장을 제시한 것인지 등의 관계를 파악할 수 있을 것이다. 이 경우 지문 마지막에 제시된 '치료의 중단이 허용'된다는 것이 공통적인 것, 그리고 그 조건에 대한 초점이 다른 점을 잡아낼 수 있었다면 (가), (나) 지문을 적절하게 독해했다고 볼 수 있을 것이다.

정답 분석

③ (가)는 회복가능성이 없거나, 짧은 시간 내에 사망에 이를 수 있음이 명백한 경우인 회복불가능한 사망의 단계에서는 환자의 자기결정권을 존중하여 자기결정권을 행사하는 것으로 인정되는 경우 연명치료의 중단을 인정하고 있고, (나)는 자기결정에 의한 것이라도 연명치료의 중단은 자살에 해당하는 것으로 원칙적으로 허용할 수 없지만 환자가 짧은 기간 내에 사망할 것으로 판단되는 경우 환자가 돌이킬 수 없는 사망 과정에 있다고 보고 연명치료의 중단을 허용하고 있다. 즉, 양자 모두 회복불가능한 사망의 단계라는 조건과 자기결정권의 행사라는 조건을 만족했을 때 연명치료의 중단을 인정하는 것이므로 (가)에서 연명치료의 중단이 허용되지 않는다면 (나)에서도 연명치료의 중단은 허용되지 않을 것이다.

오답 분석

① (가)는 자기결정권에 따른 연명치료의 중단을 인정하고 있고, (나) 또한 연명치료의 개시 거부에 대한 자기결정권과 회복불가능한 사망의 단계에서 자기 결정에 따른 연명치료 중단을 인정하고 있으므로 적절하다고 판단할 수 없다.
② (나)에서 생명유지장치의 삽입과 장착, 즉 연명치료의 개시에 있어서는 자기결정권을 인정하고 있으므로 적절하다고 보기 어렵다. (나)는 회복불가능한 사망에 단계에 이르기 전 자기결정권에 따라 이미 시작된 연명치료를 중단하는 것은 허용되지 않는다는 것이다.
④ (가)와 (나) 모두 회복불가능한 사망의 단계에 이른 것이 명백한 경우 생명유지장치의 제거를 허용하는 것이다. (가)와 (나) 모두 연명치료의 중단이 허용되는 조건으로 회복불가능한 사망 단계 진입을 제시하고 있으므로 적절하다고 볼 수 없다.

4. ①

정답 분석

① (나)가 더 단정적이다. 단정적인 것을 축으로 해결하자. 우선, 축구도 잘하고, 키가 작은 존재가 있는 것은 확실하다. 그런데 축구를 잘하면 머리가 무조건 좋으므로, 축구도 잘하고, 키가 작은 그 누군가는 머리도 좋을 것이다. 따라서, '키가 작은 어떤 사람은 머리가 좋다.'는 적절하다.

오답 분석

② (나)에서 "키가 작은 사람 중 축구를 잘하는 사람이 있다."라고 했을 뿐, 키가 작은 사람 전체가 축구를 잘한다고 일반화할 수 없다.
③ (가)에서 "축구를 잘한다 → 머리가 좋다"라는 조건이 주어졌으나, 이는 역방향(머리가 좋다 → 축구를 잘한다)이 참임을 보장하지는 않는다.
④ 축구를 잘하고 키가 작고 머리가 좋은 어떤 사람이 있다는 것 외에는 주어진 정보가 없다. 즉, 머리가 좋은 어떤 사람이 키가 작지 않은지는 확인할 수 없다.

5. ④

정답 분석

④ ⓐ의 경우, 앞 절의 동작(손을 쥐고)이 이루어진 그대로 지속되는 가운데 뒤 절의 동작(팔씨름을 했다)이 일어나므로 ⓒ에 해당한다. ⓑ의 경우, 앞 절의 동작(업고)이 이루어진 그대로 지속되는 가운데 뒤 절의 동작(달려갔다)이 일어나므로 ⓒ에 해당한다. ⓒ의 경우, 앞 절(정직하고)과 뒤 절(성실하다)의 사실을 대등하게 벌여 놓고 있으므로 ㉠에 해당한다. ⓓ의 경우, 앞 절의 사실(벌에 쏘이고)과 뒤 절의 사실(퉁퉁 부었다) 간에 계기적인 관계가 있으므로 ㉡에 해당한다. ⓔ의 경우, 앞 절(그 책은 내가 읽을 책이고)과 뒤 절(이 책은 내가 읽은 책이다)의 사실을 대등하게 벌여 놓는 경우이므로 ㉠에 해당한다. 이를 종합하면, ④가 적절하다.

Week 4

[1] 다음 글을 읽고 물음에 답하시오.

유럽 국가들은 대부분 가장 먼저 철도를 개통한 영국의 규격을 채택하여 철로의 간격을 1.435m로 하였다. 이러한 이유로 영국의 철로는 '표준궤'로 불렸다. 하지만 일부 국가들은 전시에 주변 국가들이 철도를 이용해 침입할 것을 우려하여 궤간을 다르게 하였다. 또한 열차 속력과 운송량, 건설 비용 등을 고려하여 궤간을 조정하였다.

일본은 첫 해외 식민지였던 타이완에서는 자국의 철도와 같이 협궤(狹軌)를 설치하였으나 조선의 철도는 대륙 철도와의 연결을 고려하여 표준궤로 하고자 하였다. 청일전쟁 이후 러시아의 영향력이 강해져 조선의 철도 궤간으로 광궤(廣軌)를 채택할 것인지 아니면 표준궤를 채택할 것인지를 두고 러시아와 대립하기도 했지만 결국 일본은 표준궤를 강행하였다.

서구 열강이 중국에 건설한 철도는 기본적으로 표준궤였다. 하지만 만주 지역에 건설된 철도 중 러시아가 건설한 구간은 1.524m의 광궤였다. 러일전쟁 과정에서 일본은 자국의 열차를 그대로 사용하기 위해 러시아가 건설한 그 철도 구간을 협궤로 개조하는 작업을 시작했다. 그러다가 러일전쟁 이후 포츠머스 조약으로 일본이 러시아로부터 그 구간의 철도를 얻게 되자 표준궤로 개편하였다.

1911년 압록강 철교가 준공되자 표준궤를 채택한 조선 철도는 만주의 철도와 바로 연결이 가능해졌다. 1912년 일본 신바시에서 출발해 시모노세키 — 부산 항로를 건너 조선의 경부선과 경의선을 따라 압록강 대교를 통과해 만주까지 이어지는 철도 수송 체계가 구축되었다.

1. 윗글에서 알 수 있는 것은?

① 러일전쟁 당시 일본 국내의 철도는 표준궤였다.
② 부산에서 만주까지를 잇는 철도는 광궤로 구축되었다.
③ 러일전쟁 이전 만주 지역의 철도는 모두 광궤로 건설되었다.
④ 청일전쟁 이후 러시아는 조선의 철도를 광궤로 할 것을 주장하였다.

[2] 다음 글을 읽고 물음에 답하시오.

대부분의 컴퓨터 게임 프로그램은 컴퓨터의 무작위적 행동을 필요로 한다. 이것은 말처럼 그렇게 쉬운 일이 아니다. 모든 컴퓨터는 주어진 규칙과 공식에 따라 결과를 산출하도록 만들어질 수밖에 없기 때문이다.

비록 현재의 컴퓨터는 완전히 무작위적으로 수들을 골라내지는 못하지만, 무작위적인 것처럼 보이는 수들을 산출하는 수학 공식 프로그램을 내장하고 있다. 즉, 일련의 정확한 계산 결과로 만든 것이지만, 무작위적인 것처럼 보이는 수열을 만들어 낸다. 그러한 일련의 수들을 만들어 내는 방법은 수백 가지이지만, 모두 처음에 시작할 시작수의 입력이 필수적이다. 이 시작수는 사용자가 직접 입력할 수도 있고, 컴퓨터에 내장된 시계에서 얻을 수도 있다. 예컨대 자판을 두드리는 순간 측정된 초의 수치를 시작수로 삼는 것이다.

문제는 이렇게 만들어 낸 수열이 얼마나 완전히 무작위적인 수열에 가까운가이다. 완전히 무작위적인 수열이 되기 위해서는 다음의 두 가지 기준을 모두 통과해야 한다. 첫째, 모든 수가 다른 수들과 거의 같은 횟수만큼 나와야 한다. 둘째, 그 수열은 인간의 능력으로 예측이 가능한 어떤 패턴도 나타내지 않아야 한다. 수열 1, 2, 3, 4, 5, 6, 7, 8, 9, 0은 첫 번째 조건은 통과하지만, 두 번째 조건은 통과하지 못한다. 수열 5, 8, 3, 1, 4, 5, 9, 4, 3, 7, 0은 얼핏 두 번째 조건을 통과하는 것처럼 보이지만 그렇지 않다. 곰곰이 생각해 보면 0 다음의 수가 무엇이 될 것인지를 예측할 수 있기 때문이다. (앞의 두 수를 합한 값의 일의 자리 수를 생각해 보라.) 현재의 컴퓨터가 내놓는 수열들이 이 두 가지 기준 모두를 통과하는 것은 아니다. 즉, 완전히 무작위적인 수열을 아직 만들어 내지 못하고 있는 것이다. 그리고 컴퓨터의 작동 원리를 생각하면, 이는 앞으로도 불가능할 수밖에 없다.

2. 윗글에서 알 수 있는 것은?

① 인간은 완전히 무작위적인 규칙과 공식들을 컴퓨터에 입력할 수 있다.
② 완전히 무작위적인 수열이라면 같은 수가 5번 이상 연속으로 나올 수 없다.
③ 사용자가 시작수를 직접 입력하지 않았다면 컴퓨터는 어떤 수열도 만들어 낼 수 없다.
④ 컴퓨터가 만들어 내는 수열 중에는 인간의 능력으로 예측하기 어려운 것처럼 보이는 경우도 있다.

[3] 다음 글을 읽고 물음에 답하시오.

핵분열(Nuclear Fission)이란 우라늄과 플루토늄 같은 무거운 원자의 원자핵이 두 개 이상의 가벼운 원자핵으로 쪼개지는 현상이다. 핵분열 반응이 일어나면 반응 전에 비해 질량이 줄어드는데, 아인슈타인의 특수상대성이론에서 도출된 질량-에너지 등가원리에 따라 줄어드는 질량만큼 에너지가 발생한다. 에너지의 발생은 핵자당 결합에너지(Binding Energy) 차이에서 비롯된다. 이 때 핵자는 원자핵을 구성하고 있는 양성자와 중성자를 의미하고, 핵자 수가 증가할수록 질량이 증가한다. 결합에너지는 원자핵 속의 핵자들을 독립적인 핵자들로 모두 분리시키기 위해 필요한 최소한의 에너지로서, 원자핵을 구성하는 핵자들이 결합할 때에 방출하는 에너지이기도 하다. 이 결합에너지를 핵자의 수로 나눈 값을 핵자당 결합에너지라고 말하며, 이는 핵자들이 핵 안에서 결합된 정도를 나타낸다.

핵자당 결합에너지는 질량수에 따라 증가하여 철(Fe)에서 가장 크고, 이후에는 질량수가 커질수록 감소하는 특성을 가지고 있다. 따라서 수소를 포함해 질량수가 작은 원자핵들은 핵자 수가 커질수록 결합에너지가 증가하므로 결합하여 원자핵이 되면서 결합에너지 차이만큼 에너지를 방출한다. 반대로 우라늄을 포함한 무거운 원자핵은 질량수가 작아질수록 결합에너지가 커지기 때문에, 작은 원자핵들로 분열할 때 결합에너지의 차이만큼 에너지를 방출하게 된다. 전자의 경우를 핵융합(Nuclear Fusion), 후자의 경우를 핵분열(Nuclear Fission)이라고 한다. 핵융합을 이용한 것이 수소폭탄이며 핵분열을 이용한 것이 원자로나 원자폭탄이다.

핵분열에 의해 생성된 에너지는 생성된 입자들의 운동에너지와 전자기파에너지 등의 형태로 방출된다. 이 에너지를 원자핵 에너지(Nuclear Energy) 또는 원자력이라고 한다. 우리가 흔히 말하는 핵분열은 여러 핵분열 반응 중에서도 우라늄 235(U-235)나 플루토늄 239(Pu-239)의 원자핵이 중성자를 흡수하여 2개의 가벼운 원자핵으로 분열하는 것을 말한다. 일반적으로 핵분열은 자연 방사성 붕괴처럼 저절로 일어나는 현상이 아니므로, 인공적인 핵분열에서는 속도가 느린 중성자를 무거운 원자핵에 충돌시키는 것으로 시작한다. 충돌한 중성자가 우라늄 원자핵 속으로 들어가면, 우라늄에 속한 전체 양성자와 중성자가 분열하게 되고, 그 결과 보통 2~3개의 중성자가 다시 생겨난다. 튀어나온 중성자는 다시 다른 핵분열현상을 일으킬 수 있다. 결국 핵분열이 연쇄적으로 일어나게 되며 이를 핵연쇄반응(Nuclear Chain Reaction)이라고 한다.

그러나 이때 발생한 중성자는 속도가 매우 빠르고 에너지가 큰 고속중성자(Fast Neutron)이다. 고속중성자는 핵분열 반응단면적(Fission Cross-Section)이 작은데, 여기서 반응단면적이란 핵반응이 일어나는 확률을 나타내는 면적의 단위를 갖는 양이다. 다시 말해, 핵분열 반응에서 발생한 고속중성자로는 다시 핵반응을 일으키기 어렵다. 따라서 핵분열 과정을 연쇄적으로 만들어 에너지를 지속적으로 얻기 위해서는 감속재를 이용하여 고속중성자의 속도를 줄여 열중성자로 바꿔주어야 한다. 원자력발전소 등에서 이런 역할을 하는 감속재로는 물이나 중수(重水) 등이 있다.

3. 윗글과 〈그림〉에서 추론할 수 있는 것으로 적절한 것은?

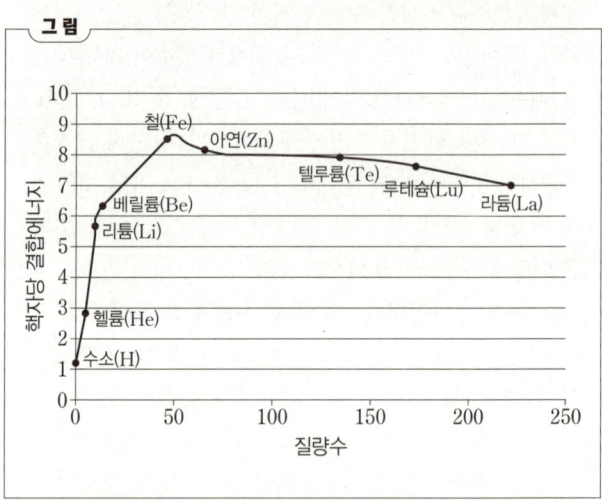

① 핵자당 결합에너지는 질량수가 증가함에 따라 증가한다.
② 핵분열 현상으로 인하여 발생한 고속중성자는 시간이 흐름에 따라 자연적으로 열중성자로 변한다.
③ 핵자당 결합에너지가 작을수록 안정적으로 결합된 원자핵이라고 할 수 있다.
④ 〈그림〉의 텔루륨(Te)이 핵분열 시 중수(重水)를 사용한다면 핵연쇄반응이 일어날 수 있을 것이다.

4. 동물원의 동물들을 대상으로 먹이와 활동에 대한 조사를 했더니, 풀을 먹는 동물 중 일부는 과일도 먹었고, 고기를 먹는 동물은 모두 헤엄을 칠 수 있었다. 그리고 고기를 먹지 않는 동물은 아무도 과일을 먹지 않은 것으로 나타났다. 이 경우 반드시 참인 것은?

① 고기를 먹는 모든 동물은 풀을 먹었다.
② 과일을 먹는 모든 동물은 풀을 먹었다.
③ 풀을 먹는 동물 중 일부는 헤엄을 칠 수 있었다.
④ 과일을 먹는 동물은 헤엄을 칠 수 없었다.

5. 〈보기〉를 바탕으로 어미를 분류한 것 중, 적절하지 않은 것은?

> **보기**
>
> 단어의 끝에 들어가는 어말어미는 그 기능에 따라 다음과 같이 분류할 수 있다.
>
> ㉠ 문장을 끝맺어 주는 기능을 하는 어미.
>   예 '동생은 책을 읽었다.'의 '-다'
> ㉡ 두 문장을 연결해 주는 기능을 하는 어미.
>   예 '이것은 장미꽃이고, 저것은 국화꽃이다.'의 '-고'
> ㉢ 용언을 명사, 관형사, 부사처럼 기능하게 하는 어미.
>   예 '내일 읽을 책을 미리 준비해라.'의 '-을'

① '지금쯤 누나는 집에 도착했겠구나.'의 '-구나'는 ㉠에 해당한다.
② '할아버지께서는 어디 갔다 오시지?'의 '-지'는 ㉠에 해당한다.
③ '이렇게 일찍 가는 이유가 뭐니?'의 '-는'은 ㉡에 해당한다.
④ '형은 밥을 먹었으나, 누나는 밥을 먹지 않았다.'의 '-으나'는 ㉡에 해당한다.
⑤ '지금은 운동하기에 좋은 시간이다.'의 '-기'는 ㉢에 해당한다.

DAY 03 정답 및 해설　　　　　　　　　　　　Week 4

DAY 03

| 1 ④ | 2 ④ | 3 ④ | 4 ③ | 5 ③ |

1. ④

정답 분석

④ 2문단에 따르면, 청일전쟁 이후 러시아의 영향력이 강해져, 조선의 철도 궤간으로 광궤를 채택할 것인지 아니면 표준궤를 채택할 것인지를 두고 일본과 러시아 간 대립이 있었다. 2문단 마지막 문장의 '결국' 일본은 표준궤를 '강행'하였다는 진술을 바탕으로, 러시아는 조선의 철도를 광궤로 하자고 주장했을 것임을 추론할 수 있다.

오답 분석

① 2문단에 따르면, 일본은 '첫 해외 식민지였던 타이완에서는 자국의 철도와 같이 협궤'를 설치'하였다고 한다. 또한, 러일전쟁 당시 일본은 자국의 열차를 '그대로' 사용하기 위해 러시아가 건설한 철도 구간을 '협궤'로 개조하였다. 이를 바탕으로 러일전쟁 당시 일본 국내의 철도는 표준궤가 아닌 협궤였음을 추론할 수 있다.

② 4문단에 따르면, 1911년 압록강 철교 준공 이후 '표준궤를 채택한 조선 철도'는 만주의 철도와 바로 연결이 가능해졌고, 이후 '일본의 신바시에서 출발해~조선의 경부선과 경의선'을 따라 압록강 대교를 통과해 만주까지 이어지는 철도 수송 체계가 구축되었다. 이를 바탕으로 부산에서 만주까지를 잇는 철도는 광궤가 아닌 표준궤였음을 알 수 있다.

③ 3문단에 따르면, 만주 지역에 건설된 철도 중 '러시아가 건설한 구간'은 광궤였다. 만주 지역에 '러시아가 건설하지 않은 구간'이 없다고 단정 지을 수 없으므로 러일전쟁 이전 만주 지역의 철도는 모두 광궤로 건설되었다고 단정할 수 없다.

2. ④

정답 분석

④ 2문단에 따르면, 컴퓨터가 만들어 내는 수열 중에는, '무작위적인 것처럼 보이는' 수열이 존재한다. 3문단에서 제시된 완전히 무작위적인 수열이 되기 위한 두 번째 조건인 '인간의 능력으로 예측이 가능한 어떤 패턴도 나타내지 않아야 한다.'를 참고할 때, 무작위처럼 보이는 수열은 인간의 능력으로 예측이 어려운 것처럼 보이는 수열이라고 할 수 있다. 따라서 컴퓨터가 만들어 내는 수열 중에는 인간의 능력으로 예측하기 어려운 것처럼 보이는 수열이 있다는 진술은 적절하다.

오답 분석

① 지문을 바탕으로 컴퓨터가 완전히 무작위적인 수열을 만들어 내지 못한다는 점은 알 수 있으나, '인간'이 완전히 무작위적인 규칙과 공식들을 컴퓨터에 '입력'할 수 있는지 여부는 알 수 없다.

② '같은 수가 5번 이상 연속으로 나온다'라는 조건은 3문단에서 제시된 완전히 무작위적인 수열이 되기 위한 두 가지 조건과 무관하다. 같은 수가 5번 이상 연속으로 나왔다고 하여 첫 번째 조건에 위배되지도, 두 번째 조건에 위배되지도 않기 때문이다.

③ 2문단에 따르면, 시작수는 사용자가 직접 입력하지 않더라도 컴퓨터에 내장된 시계를 통해서도 얻어 낼 수 있다.

3. ④

> **문항** 명사수의 눈
>
> 그래프 문제는 언제나 가로축과 세로축의 변수가 무엇인지 확인하는 것이 먼저이다. 이런 그래프 문제가 제시되었다면 지문을 읽기 전, 〈보기〉를 확인하는 것이 지문 이해와 문제 풀이에 도움이 될 수 있다. 〈보기〉를 훑어보면서 지문에서 '핵자당 결합에너지'와 '질량수'가 제시됐으므로, 이 둘 사이의 연결 관계가 제시될 것임을 잡고 지문에 들어갈 수 있었다면 선지 판단이 비교적 수월했을 것이다.

정답 분석

④ 2문단에 따르면 질량수가 작아질 때 결합에너지가 커지는 경우 작은 원자핵으로 분열할 때 에너지를 방출하게 되며, 이를 핵분열이라고 한다. 텔루륨(Te)의 경우 질량수가 작은 아연(Zn)이 될 때 결합에너지가 증가하고 있으므로, 핵분열이 일어나게 되는 구간에 속한다고 볼 수 있다. 따라서 중수를 통해 고속중성자를 열중성자로 바꾸어 핵분열이 연쇄적으로 일어날 수 있도록 해준다면 핵연쇄반응이 일어날 수 있을 것이라고 판단할 수 있다.

오답 분석

① 2문단에서 철 이후의 원자의 경우 질량수가 커질수록 핵자당 결합에너지가 감소한다고 제시되고 있을뿐더러, 〈보기〉의 그래프를 통해 철 → 아연 → 텔루륨 → 루테슘 → 라돈으로 질량수가 증가할 때 결합에너지가 낮아지는 것을 확인할 수 있으므로 적절하다고 볼 수 없다.

② 4문단에 따르면 고속중성자로는 다시 핵반응을 일으키기 어려워 원자력 발전소 등에서는 감속재를 사용한다. 선지와 같이 고속중성자가 자연히 열중성자로 변한다면 감속재를 사용하지 않아도 될 것이므로 적절하다고 볼 수 없다.

③ 1문단에 따르면 핵자당 결합에너지는 핵자들이 핵 안에서 결합된 정도를 나타내는 것으로, 핵자당 결합에너지가 큰 원자일수록 핵자들의 결합이 강할 것이다. 따라서 적절하다고 볼 수 없다.

4. ③

정답 분석

③ 과일을 먹으려면 고기를 먹어야 한다는 대우로부터 시작해 보자. 근데 고기를 먹으면 헤엄칠 수 있으므로, 과일을 먹는 동물은 모두 헤엄을 칠 수 있다.(삼단 논법) 그런데, 풀을 먹는 동물 중 일부는 과일도 먹으므로, 그 존재는 고기를 먹고 헤엄을 칠 수 있다.

오답 분석

① 풀은 먹은 어떤 동물이 고기를 먹었음이 확인될 뿐, 고기를 먹는 모든 동물이 풀을 먹었다고 볼 수 없다.

② 과일을 먹는 모든 동물은 고기를 먹지만, 풀에 대해서는 '풀을 먹는 동물 중 일부는 과일도 먹는다는 존재가 있다고 제시되고 있을 뿐이다. 따라서 과일을 먹는 모든 동물이 풀을 먹는다는 결론을 전제에서 타당하게 도출하기는 어렵다.

④ 과일을 먹는 동물은 고기를 먹는 동물이므로 헤엄을 칠 수 있다. 이 선택지는 전제와 모순된다.

5. ③

정답 분석

③ '가는'의 '-는'은 '가다'를 관형사형으로 만들어주는 관형사형 전성 어미이므로, ⓒ이 아닌 ⓒ에 해당한다.

오답 분석

① '-구나'는 감탄문을 나타내는 종결 어미이므로 ㉠에 해당한다.
② '-지'는 의문문을 끝내는 종결 어미이므로 ㉠에 해당한다.
④ 예문의 '-으나'는 두 문장을 연결하는 연결 어미이므로 ⓒ에 해당한다.
⑤ '-기'는 '운동하다'를 명사형(명사절)로 만들어주는 명사형 전성 어미이므로, ⓒ에 해당한다.

DAY 04

Week 4

[1] 다음 글을 읽고 물음에 답하시오.

　의학이나 공학, 혹은 과학에서는 다양한 검사법을 사용한다. 가령, 의학에서 사용되는 HIV 감염 여부에 대한 진단은 HIV 항체 검사법에 크게 의존한다. 흔히 항체 검사법의 결과는 양성 반응과 음성 반응으로 나뉜다. HIV 양성 반응이라는 것은 HIV에 감염되었다는 검사 결과가 나왔다는 것을 말하며, HIV 음성 반응이라는 것은 HIV에 감염되지 않았다는 검사 결과가 나왔다는 것을 말한다.

　이런 검사법의 품질은 어떻게 평가되는가? 가장 좋은 검사법은 HIV에 감염되었을 때는 언제나 양성 반응이 나오고, HIV에 감염되지 않았을 때는 언제나 음성 반응이 나오는 것이라고 할 수 있다. 하지만 여러 기술적 한계 때문에 그런 검사법을 만들기는 쉽지 않다. 많은 검사법은 HIV에 감염되었다고 하더라도 음성 반응이 나올 가능성, HIV에 감염되지 않아도 양성 반응이 나올 가능성을 가지고 있다. 이 두 가지 가능성이 높은 검사법은 좋은 검사법이라고 말할 수 없을 것이다.

　반면 HIV에 감염되었을 때 양성 반응이 나올 확률과 HIV에 감염되지 않았을 때 음성 반응이 나올 확률이 매우 높은 검사법은 비교적 좋은 품질을 가지고 있다고 말할 수 있다. 통계학자들은 전자에 해당하는 확률을 '민감도'라고 부르며, 후자에 해당하는 확률을 '특이도'라고 부른다. 민감도는 '참 양성 비율'이라고 불리기도 하며, 이는 실제로 감염된 사람들 중 양성 반응을 보인 사람들의 비율이다. 마찬가지로 특이도는 '참 음성 비율'이라고 불리기도 하며, 이는 실제로는 감염되지 않은 사람들 중 음성 반응을 보인 사람들의 비율로 정의된다. 물론 '거짓 양성 비율'은 실제로 병에 걸리지 않은 사람들 중 양성 반응을 보인 사람들의 비율을 뜻하며, '거짓 음성 비율'은 실제로 병에 걸린 사람들 중 음성 반응을 보인 사람들의 비율을 가리킨다.

1. 윗글에서 추론할 수 있는 것만을 〈보기〉에서 모두 고르면?

보기

ㄱ. 어떤 검사법의 민감도가 높을수록 그 검사법의 특이도도 높다.
ㄴ. 어떤 검사법의 특이도가 100%라면 그 검사법의 거짓 양성 비율은 0%이다.
ㄷ. 민감도가 100%인 HIV 항체 검사법을 이용해 어떤 사람을 검사한 결과 양성 반응이 나왔다면 그 사람이 HIV에 감염되었을 확률은 100%이다.

① ㄱ　　② ㄴ
③ ㄷ　　④ ㄱ, ㄴ

MEMO

[2] 다음 글을 읽고 물음에 답하시오.

　젠트리피케이션(gentrification)의 원인에 대한 도시 연구자들의 논의는 사회문화적 접근과 경제적 접근, 공공 정책적 접근으로 나눠 볼 수 있다. 사회문화적 접근은 젠트리피케이션의 원인을 수요 측면에서 분석한 반면, 경제적·공공 정책적 접근은 공급 측면에서 분석한다.
　데이비드 레이(David Ley)는 「자유 이념과 후기 산업 도시」라는 논문에서 젠트리피케이션의 사회문화적 원인을 분석했다. 그는 1970년대 이후 낙후한 구도심으로 되돌아오고 있는 중·상류층의 사회문화적 특성, 소비성향에 주목한다. 1960년대 후반 후기 산업사회로 접어들면서 서구의 도시 및 산업구조는 과거와 다른 모습으로 재편된다. 제조업이 쇠퇴하고 고부가가치 첨단산업, 서비스업이 부상하면서 도시의 주류 구성원이 산업 노동자에서 고소득 전문 직종에 종사하는 화이트칼라로 교체된 것이다.
　베이비부머이며 여피(yuppie)로도 불리는 이들 신흥 중산층은 목가적인 전원생활을 선호하며 근검절약을 강조했던 아버지 세대와 달리, 편리함과 문화적 다양성을 갖춘 도시 생활을 선호하고 여가를 중시하며 각자의 개성을 반영한 감각적이고 심미적인 소비생활을 즐기는 성향을 가지고 있다. 때문에 이들은 교외로 떠난 아버지 세대와는 달리 도심으로 복귀해 그곳의 주거 공간을 자신들의 문화적 취향에 맞게 개조한다. 이에 따라 주변 상권은 이들의 소비성향, 곧 수요에 맞게 개편된다. 이처럼 레이는 젠트리피케이션의 원인을 사람에게서 찾았다. 후기 산업사회의 주역으로 떠오른 베이비부머 신흥 중산층이 도심에서 살기를 원하고 그곳으로 회귀하면서 발생하는 게 젠트리피케이션 현상이란 설명이다.
　반면 닐 스미스(Neil Smith)는 젠트리피케이션이 '사람들이 도시로 회귀하는 것이 아니라, 자본의 이동을 표현하는 것'이라고 설명한다. 그가 주목한 것은 특정 집단의 사회적 특성이나 문화적 취향이 아니라 '부동산 시장의 본질적 속성, 결정적으로는 자본의 역할'이다. 스미스는 젠트리피케이션은 부동산 가격의 현재 가치와 미래 가치의 차이에서 유발된 것으로 제2차 세계대전 후 영미권 대도시에서 나타난 교외화 현상도 '토지와 주택 시장의 구조', 정확히 말해 현재와 미래의 가격 차이에서 발생한 것으로 설명한다. 구도심은 오랫동안 낙후되어 있었음에도 불구하고, 정치·경제·문화적 입지에서 여전히 많은 이점을 가지고 있다. 구도심의 낙후함은 부동산의 현재 가치를 한껏 낮춰 놓았고, 유리한 입지는 높은 미래 가치를 가지고 있다. 따라서 구도심은 언제든 투자가 이뤄지면 건물주와 개발업자, 부동산 중개업자들이 높은 시세 차익을 거둘 수 있게 되어 있다.
　스미스는 구도심이 오랜 시간에 걸쳐 쇠퇴한 이유가 '땅주인들과 주택 소유자들이 임대료 수익을 극대화하기 위해 이들 지역이 쇠퇴하도록 내버려 두었기 때문'이라고 분석한다. 이렇게 방치해 부동산의 현재 가치와 미래 가치를 충분히 벌려 놓은 다음에 땅주인들과 주택 소유자들은 구도심의 노후 건물을 리모델링하거나 지구 단위의 재개발 사업을 추진해 높은 수익을 거두려 한다는 것이다. 스미스의 이런 주장을 '지대 격차 이론'이라 한다. 건물주와 개발업자, 부동산 중개업자 등 공급자들이 높은 수익률을 거두기 위해 벌이는 일련의 활동들의 상호작용에서 젠트리피케이션이 유발된다는 입장이다.
　젠트리피케이션을 유발하는 공급자로서 정부 또는 지방자치단체를 지목하는 경우도 있다. 핵워스(J. Hackworth)와 닐 스미스는 2001년 발표한 논문 「젠트리피케이션의 변화하는 상황」에서 공공 부문의 재정 지원이 젠트리피케이션을 유발하는 주요 원인이라고 주장한다. 이들은 미국의 젠트리피케이션 현상을 1~3세대로 나누었는데, 1세대 젠트리피케이션은 1973년 경기 침체 전, 정부 주도하에 쇠퇴한 도심을 재개발하면서 진행되었고, 2세대 젠트리피케이션도 미 연방 정부가 민간 시장의 활성화를 위해 지방정부에 정액 교부금(Block Grant)을 지급하거나 엔터프라이즈 존(Enterprise Zone)을 지정하면서 진행되었다. 이에 대해 브루킹스 연구소의 모린 케네디(Maureen Kennedy)와 폴 레너드(Paul Leonard)는 지방정부의 정책 당국자들이 도시의 조세 기반을 확충하고 성장 잠재력을 끌어올리며 도심의 활력을 제고하기 위해 중·상류층의 진입을 촉진하는 방향으로 도시를 개발하고 있다고 지적했다. 정책 당국자들의 의도적 개입을 통해 젠트리피케이션이 발생했다는 설명이다.

※ 젠트리피케이션 : 노동자들의 거주지에 중산층이 이주를 해 오면서 지역 전체의 구성과 성격이 변하는 것.

2. 윗글의 내용과 부합하지 않는 것을 〈보기〉에서 모두 고른 것으로 적절한 것은?

> **보기**
> ㄱ. '지대 격차 이론'은 젠트리피케이션의 경제적 접근 방식과 관련이 있다.
> ㄴ. 데이비드 레이에 따르면 여피(yuppie)라 불리는 신흥 중산층은 목가적인 전원생활을 선호한다는 측면에서 아버지 세대와 차이가 있다.
> ㄷ. 정책 당국자들의 의도적 개입을 통해 젠트리피케이션이 발생했다고 보는 입장에서는 부동산 가격의 현재와 미래의 가격 차이에 주목한다.
> ㄹ. 닐 스미스는 젠트리피케이션의 원인을 수요 측면에서 분석하고 있다.

① ㄱ, ㄹ
② ㄴ, ㄷ
③ ㄷ, ㄹ
④ ㄴ, ㄷ, ㄹ

[3] 다음 글을 읽고 물음에 답하시오.

'청렴(淸廉)'은 현대 사회에서 좁게는 반부패와 동의어로 사용되며 넓게는 투명성과 책임성 등을 포괄하는 통합적 개념으로 사용되고 있다. 유학자들은 청렴을 효제와 같은 인륜의 덕목보다는 하위에 두었지만 군자라면 마땅히 지켜야 할 일상의 덕목으로 중시하였다. 조선의 대표적 유학자였던 이황과 이이는 청렴을 사회 규율이자 개인 처세의 지침으로 강조하였다. 특히 공적 업무에 종사하는 사람이라면 사회 규율로서의 청렴이 개인의 처세와 직결된다는 점에 유념해야 한다고 보았다.

청렴에 대한 논의는 정약용의 『목민심서』에서 본격적으로 나타난다. 정약용은 청렴이야말로 목민관이 지켜야 할 근본적인 덕목이며 목민관의 직무는 청렴이 없이는 불가능하다고 강조하였다. 정약용은 청렴을 당위의 차원에서 주장하는 기존의 학자들과 달리 행위자 자신에게 실질적 이익이 된다는 점을 들어 설득하고자 한다. 그는 청렴은 큰 이득이 남는 장사라고 말하면서, 지혜롭고 욕심이 큰 사람은 청렴을 택하지만 지혜가 짧고 욕심이 작은 사람은 탐욕을 택한다고 설명한다. 정약용은 "지자(知者)는 인(仁)을 이롭게 여긴다."라는 공자의 말을 빌려 "지혜로운 자는 청렴함을 이롭게 여긴다."라고 하였다. 비록 재물을 얻는 데 뜻이 있더라도 청렴함을 택하는 것이 결과적으로는 지혜로운 선택이라고 정약용은 말한다. 목민관의 작은 탐욕은 단기적으로 보면 눈 앞의 재물을 취하여 이익을 얻을 수 있겠지만 궁극에는 개인의 몰락과 가문의 불명예를 가져올 수 있기 때문이다.

정약용은 청렴을 지키는 것은 두 가지 효과가 있다고 보았다. 첫째, 청렴은 다른 사람에게 긍정적 효과를 미친다. 목민관이 청렴할 경우 백성을 비롯한 공동체 구성원에게 좋은 혜택이 돌아갈 것이다. 둘째, 청렴한 행위를 하는 것은 목민관 자신에게도 좋은 결과를 가져다준다. 청렴은 그 자신의 덕을 높이는 것일 뿐 아니라 자신의 가문에 빛나는 명성과 영광을 가져다줄 것이다.

3. 윗글의 내용과 부합하는 것은?

① 정약용은 청렴이 목민관이 반드시 지켜야 할 덕목임을 당위론 차원에서 정당화하였다.
② 정약용은 탐욕을 택하는 것보다 청렴을 택하는 것이 이롭다는 공자의 뜻을 계승하였다.
③ 정약용은 청렴한 사람은 욕심이 작기 때문에 재물에 대한 탐욕에 빠지지 않는다고 보았다.
④ 정약용은 청렴이 백성에게 이로움을 줄 뿐 아니라 목민관 자신에게도 이로운 행위라고 보았다.

4. (가)와 (나)를 전제로 결론을 이끌어 낼 때, 빈칸에 들어갈 말로 가장 적절한 것은?

> (가) 수학을 잘하는 사람은 모두 논리적 사고가 뛰어나다.
> (나) 수학을 잘하는 어떤 사람은 그림을 잘 그린다.
>   따라서 _____

① 논리적 사고가 뛰어난 어떤 사람은 그림을 잘 그리지 않는다.
② 그림을 잘 그리는 사람은 모두 논리적 사고가 뛰어나다.
③ 논리적 사고가 뛰어난 사람은 모두 수학을 잘한다.
④ 그림을 잘 그리는 어떤 사람은 논리적 사고가 뛰어나다.

5. 〈학습 활동〉을 해결한 내용으로 적절한 것은?

학습활동

　관형사형 어미의 형태는 시제 및 단어의 품사에 의해 결정된다. [자료]에서 밑줄 친 단어의 품사와 시제를 분석하여 그 단어에 쓰인 어미가 [표]의 ㉠~㉢ 중 어느 것에 해당하는지 확인해 보자.

[자료]

> ⓐ 하늘에 뜬 태양　ⓑ 우리가 즐겨 부르던 노래
> ⓒ 늘 푸르던 하늘　ⓓ 운동장에 남은 아이들
> ⓔ 네가 읽는 소설　ⓕ 이미 아이들로 가득 찬 교실
> ⓖ 달리기가 제일 빠른 친구

[표] 관형사형 어미 체계

	동사	형용사
현재	-는	㉠
과거	㉡	㉢
	-던	
미래	-(으)ㄹ	-(으)ㄹ

① ⓐ의 '뜬'에 쓰인 어미 '-(으)ㄴ'은 ㉠에 해당한다.
② ⓑ의 '부르던'과 ⓒ의 '푸르던'에 쓰인 어미 '-던'은 ㉢에 해당한다.
③ ⓓ의 '남은'과 ⓕ의 '찬'에 쓰인 어미 '-(으)ㄴ'은 ㉡에 해당한다.
④ ⓔ의 '읽는'에 쓰인 어미 '-는'은 ㉡에 해당한다.
⑤ ⓖ의 '빠른'에 쓰인 어미 '-(으)ㄴ'은 ㉢에 해당한다.

DAY 04 정답 및 해설

DAY 04

| 1 ② | 2 ④ | 3 ④ | 4 ④ | 5 ③ |

1. ②

정답 분석

② ㄴ. 특이도가 100%라는 것은, 감염되지 않은 사람들 중 양성 반응을 보인 사람이 없다는 의미인데, 거짓 양성 비율은 실제로 병에 걸리지 않은 사람들 중 양성 반응을 보인 사람들의 비율을 뜻하므로, 이 경우 거짓 양성 비율은 0%이다.

오답 분석

ㄱ. 3문단에서 제시된 민감도와 특이도 간 인과 관계는 없다. 다시 말해 HIV에 감염되었을 때 양성 반응이 나올 확률과 HIV에 감염되지 않았을 때 음성 반응이 나올 확률은 서로 독립적이다.

ㄷ. 민감도가 100%라는 것은, 실제로 감염된 사람을 검사하면 항상 양성 반응이 나온다는 의미이지, 양성 반응이 나왔을 때 그 사람이 감염되었을 확률이 100%라는 의미는 아니다. 다시 말해, 민감도가 100%인 검사법을 이용한 검사에서 양성 반응이 나왔음에도 실제로 감염되지 않은 사람이 존재할 수 있는데 이는 특이도와 관련이 있는 '거짓 양성 비율'(정답 분석을 참고하도록 하자.)이 0%라고 특정할 수 없기 때문이다.

2. ④

> **문항** 명사수의 눈
> 지문에 접근하기 전, 〈보기〉의 ㄱ~ㄹ 선지를 훑어보았다면 이 지문은 '젠트리피케이션'에 대한 여러 이론이 제시되는 지문으로, 이들의 속성을 확인하고 공통점과 차이점을 정리해 주어야 한다는 것을 잡아낼 수 있었을 것이다. 1문단에서는 젠트리피케이션의 원인에 대한 분석을 사회문화적 접근, 경제적 접근, 공공 정책적 접근으로 구분 짓고 있으므로 이후 제시되는 접근들은 이들 접근과 연결되며, 1문단 2문장에서 제시된 분석적 특성을 가질 것이라고 판단할 수 있다.

정답 분석

④ ㄴ. 3문단에 따르면 여피라 불리는 신흥 중산층은 도시 생활을 선호하고 개성을 반영한 감각적이고 심미적인 소비생활을 즐기는 성향을 가지고 있어 목가적인 전원생활을 선호하고 근검절약을 강조한 그들의 아버지 세대와 대비되는 것이므로 적절하지 않다.

ㄷ. 4문단에 따르면 부동산 가격의 현재 가치와 미래 가치의 차이에서 젠트리피케이션이 비롯되었다는 것은 경제적 접근에 해당하는 의견이다. 정책 당국자의 개입을 원인으로 지목하는 공공 정책적 접근은 현재 가치와 미래 가치의 차이가 아닌, 재정 지원이 주요 원인이라고 주장한다.

ㄹ. 4문단에서 닐 스미스는 현재 가치와 미래 가치의 차이라는 경제적 측면에서 젠트리피케이션의 원인을 찾고 있고, 1문단에 따르면 경제적 접근은 수요가 아닌 공급 측면에서 젠트리피케이션의 원인을 분석하므로 적절하지 않다고 판단할 수 있다.

오답 분석

ㄱ. 5문단에 따르면 지대 격차 이론은 부동산의 현재 가치와 미래 가치의 차이에 의해 젠트리피케이션이 일어난다는 닐 스미스의 4문단 주장과 연결되는 것이다. 닐 스미스는 이처럼 젠트리피케이션을 부동산 시장의 본질적 속성, 자본의 역할이라는 경제적 개념을 통해 분석하고 있으므로 적절하다고 판단할 수 있다.

3. ④

정답 분석

④ 3문단에 따르면, 정약용은 청렴이 백성을 비롯한 공동체 구성원에게 긍정적 효과를 미치는 것은 물론, 청렴한 행위를 하는 것이 목민관 자신에게도 좋은 결과를 가져다준다고 보았다.

오답 분석

① 2문단에 따르면, 정약용은 청렴을 당위의 차원에서 주장하는 기존의 학자들과 달리, 행위자 자신에게 실질적 이익이 된다는 점을 들어 설득하고자 한다.

② 2문단에 따르면, 정약용은 공자의 '말을 빌려' 청렴함을 강조했으나, 공자가 탐욕보다 청렴을 택하는 것이 이롭다고 생각했음을 특정할 수는 없다. 정약용은 지자는 인을 이롭게 여긴다는 공자의 말을 빌려 인을 청렴함으로 바꾸어 말한 것일 뿐이다.

③ 2문단에 따르면, 정약용은 지혜롭고 욕심이 큰 사람은 청렴을 택하지만 지혜가 짧고 욕심이 작은 사람은 탐욕을 택한다고 진술한다.

4. ④

정답 분석

④ 수학을 잘하는 어떤 사람은 그림을 잘 그린다고 하였고, 수학을 잘하는 사람이면 논리적 사고가 뛰어나다고 하였다. 따라서 그림을 잘 그리는 사람 중에서는 (가)를 만족하여 수학을 잘하고 그림을 잘 그리는 사람이 있을 수 있고, 그 사람은 논리적 사고가 뛰어나다는 결론을 이끌어 낼 수 있다.

오답 분석

① 주어진 정보에서 논리적 사고가 뛰어나면서 그림을 잘 그리지 않는 사람의 존재를 타당하게 추론할 수는 없다.

② 수학을 잘하는 사람들이 논리적 사고가 뛰어나다는 것은 알지만, 그림을 잘 그리는 사람들이 모두 논리적 사고가 뛰어난 것은 알 수 없다.

③ (가)에서는 수학을 잘하는 사람은 모두 논리적 사고가 뛰어나다고 했지만, 논리적 사고가 뛰어난 사람이 반드시 수학을 잘한다는 것은 아니다.

5. ③

정답 분석

③ ⓓ의 '남은'은 동사 '남다'의 어간에 관형사형 어미 '-(으)ㄴ'이 결합하여 동사의 과거를 나타내고, ⓕ의 '찬'은 동사 '차다'의 어간에 관형사형 어미 '-(으)ㄴ'이 결합하여 동사의 과거를 나타내므로 두 단어 모두 동사의 과거인 ⓒ에 해당한다.

오답 분석

① ⓐ의 '뜬'은 동사 '뜨다'의 어간에 관형사형 어미 '-(으)ㄴ'이 결합하여 동사의 과거를 나타내므로 ㉠이 아닌 ㉡에 해당한다.

② ⓑ의 '부르던'은 동사 '부르다'의 어간에 관형사형 어미 '-던'이 결합하여 동사의 과거를 나타내므로, ㉢이 아닌 동사의 과거 '-던'에 해당하고, ⓒ의 '푸르던'은 형용사 '푸르다'의 어간에 관형사형 어미 '-던'이 결합하여 형용사의 과거를 나타내므로 ㉢에 해당한다.

④ ⓔ의 '읽는'은 동사 '읽다'의 어간에 관형사형 어미 '-는'이 결합하여 동사의 현재를 나타내므로 ㉡이 아닌 동사의 현재 '-는'에 해당한다.

⑤ ⓖ의 '빠른'은 형용사 '빠르다'의 어간에 관형사형 어미 '-(으)ㄴ'이 결합하여 형용사의 현재를 나타내므로 ㉢이 아닌 ㉠에 해당한다.

[1] 다음 글을 읽고 물음에 답하시오.

(가) 현행 「독점규제 및 공정거래에 관한 법률」(이하 "공정거래법") 집행의 큰 문제점 중의 하나는 제재는 많으나 피해기업에 대한 배상은 쉽지 않다는 점이다. 과징금제도는 제재와 부당이득환수의 목적이 있으나 금전적으로는 부당이득을 피해자가 아닌 국가가 환수하는 구조이다. 공정거래법 위반으로 인해 피해를 입은 자가 공정거래위원회에 신고하여 가해기업에게 거액의 과징금이 부과된다 하더라도 과징금은 국고로 편입되어 버리기 때문에 피해자에 대한 배상은 별도의 민사소송을 제기하여야 한다.

그런데, 민사소송은 절차가 복잡하고 시간이 많이 소요될 뿐만 아니라 미국식의 당연위법원칙, 약자에게 관대한 경향이 있는 배심원 제도, 증거개시제도(discovery) 등이 도입되어 있지 않기 때문에 경제적 약자가 경제적 강자를 상대로 소송을 제기하여 승소하는 것은 쉽지가 않다. 미국에서도 사적 집행으로서의 손해배상소송이 급증한 것은 1960년대 이후이며 1977년에 절정이었는데, 당연위법원칙이나 배심원 제도 등이 주요 원인으로 지적되고 있다. 반면, 1980년대 들어서는 당연위법원칙의 후퇴, 시카고학파의 영향에 따른 경제분석 강화 등으로 손해배상소송이 줄어들었다.

결국, 피해자의 신고 후 공정거래위원회가 조사하여 거액의 과징금을 부과한다 하더라도 피해자는 그 결과에 만족하지 못하는 경우가 생기게 되고 그렇게 되면 공정거래절차의 효용성이 크게 떨어지고 국민의 불신이 높아질 수밖에 없다. 따라서 피해자의 실질적인 구제를 위하여서는 별도의 민사소송 제기 없이 공정거래위원회의 결정에 의해 손해배상명령을 직접 내리는 것이 효율적이라는 주장이 과거에도 간헐적으로 제기되어 왔다. 하지만, 이러한 제도는 외국에서도 사례를 찾아보기 어려울 뿐만 아니라 우리나라의 법체계에 있어서도 너무나 독특한 것이기 때문에 정부 안팎에서만 논의가 되었을 뿐이다.

(나) 손해배상명령제도는 피해구제라는 측면에서 충분히 고려해 볼만한 제도이기는 하지만 법원칙의 측면에서나 우리나라 현실의 측면에서나 성급히 도입하기에는 한계가 적지 않다고 생각된다. 행정·사법은 순수법학파가 지적하는 것만큼의 절대적인 차이가 있는 것은 아니라고 할 수 있지만, 역사적 혹은 기능적 차이가 있다. 사법은 '구체적인 법률분쟁이 있는 경우 당사자의 쟁송제기에 의하여 무엇이 법인가를 판단·선언함으로써 법질서를 유지함을 목적으로 하는 작용'으로 이해되고 있으며 손해배상판결은 전통적으로 사법의 영역이었다. 반면 행정은 미래지향적으로 공익을 구체적·계속적으로 실현하는 작용으로 이해되고 있다. 즉, 사법과 행정은 법집행작용으로 비슷한 측면이 분명히 있지만, 사법은 구체적인 분쟁의 해결이 주된 임무인 반면 행정은 미래지향적인 공익실현작용이라는 측면에서 차이가 있다. 손해배상은 사법의 가장 전형적인 작용이기 때문에 행정기관이 담당하게 된다면 삼권분립원칙과 상충될 가능성이 있지 않느냐 하는 문제가 생길 수 있다.

그리고 행정작용과 사법작용은 궁극적인 목적에서 근본적으로 다르며 특히 사법작용은 당사자의 신청이 있는 경우 비로소 개시되며 그 대상도 발생한 분쟁의 해결에 국한된다. 사법작용은 소극적, 수동적, 사후대응적 국가작용이라 할 수 있다. 이러한 권력의 분립은 국가기관 상호견제와 균형을 위한 것으로서 자유 보장적 측면에서 국가권력의 통제와 기능적인 측면에서 국가기능의 효과적 이행을 위한 것이다.

현대사회에서 사법과 행정의 경계선이 모호해지고 있다고 하여 사법작용의 가장 전형적인 손해배상명령을 공정거래위원회가 직접 행한다고 하는 것은 권력분립원칙에 반할 가능성이 높다. 준사법기관으로서의 공정거래위원회의 위상을 감안한다 하더라도 사법의 고유 영역인 손해배상명령까지 허용하는 것은 권력분립의 기본취지인 견제와 균형의 원리에 반하는 것이다.

1. 윗글의 내용과 부합하는 것으로 적절하지 않은 것은?

① 1960년 이후 미국에서는 손해배상소송이 급증하였으나, 1980년대에 들어서는 줄어들었다.
② 손해배상명령제도는 피해구제의 효율성 측면에서 주장되고 있다.
③ 순수법학파는 행정과 사법 사이에 절대적인 차이가 있는 것은 아니지만 기능적 차이가 있다고 지적한다.
④ 손해배상명령을 행정기관이 직접 행하는 것은 권력분립 원칙에 반할 가능성이 있다.

DAY 05

[2] 다음 글을 읽고 물음에 답하시오.

광장의 기원은 고대 그리스의 아고라에서 찾을 수 있다. '아고라'는 사람들이 모이는 곳이란 뜻을 담고 있다. 호메로스의 작품에 처음 나오는 이 표현은 물리적 장소만이 아니라 사람들이 모여서 하는 각종 활동과 모임도 의미한다. 아고라는 사람들이 모이는 도심의 한복판에 자리 잡되 그 주변으로 사원, 가게, 공공시설, 사교장 등이 자연스럽게 둘러싸고 있는 형태를 갖는다. 물론 그 안에 분수도 있고 나무도 있어 휴식 공간이 되기는 하지만 그것은 부수적 기능일 뿐이다. 아고라 곧 광장의 주요 기능은 시민들이 모여 행하는 다양한 활동 그 자체에 있다.

르네상스 이후 광장은 유럽의 여러 제후들이 도시를 조성할 때 일차적으로 고려하는 사항이 된다. 광장은 제후들이 권력 의지를 실현하는 데 중요한 역할을 할 수 있었기 때문이다. 이 시기 유럽의 도시에서는 고대 그리스 이후 자연스럽게 발전해 온 광장이 의식적으로 조성되기 시작한다. 도시를 설계할 때 광장의 위치와 넓이, 기능이 제후들의 목적에 따라 결정된다.

『광장』을 쓴 프랑코 만쿠조는 유럽의 역사가 곧 광장의 역사라고 말한다. 그에 따르면, 유럽인들에게 광장은 일상생활의 통행과 회합, 교환의 장소이자 동시에 권력과 그 의지를 실현하는 장이고 프랑스 혁명 이후 근대 유럽에서는 저항하는 대중의 연대와 소통의 장이라는 의미도 갖게 된다. 우리나라의 역사적 경험에서도 광장은 그와 같은 공간이었다. 우리의 마당이나 장터는 유럽과 형태는 다를지라도 만쿠조가 말한 광장의 기능과 의미를 담당해왔기 때문이다.

이처럼 광장은 인류의 모든 활동이 수렴되고 확산되는 공간이며 문화 마당이고 예술이 구현되는 장이며 더 많은 자유를 향한 열정이 집결하는 곳이다. 특히 근대 이후 광장을 이런 용도로 사용하는 것은 시민의 정당한 권리가 된다. 광장은 권력의 의지가 발현되는 공간이면서 동시에 시민에게는 그것을 넘어서고자 하는 자유의 열망이 빚어지는 장이다.

2. 윗글에서 알 수 없는 것은?

① 근대 이후 광장은 시민의 자유에 대한 열망이 모이는 장이었다.
② 고대 그리스의 아고라는 사람들이 모이는 장소 이상의 의미를 갖는다.
③ 유럽의 여러 제후들이 광장을 중요시한 것은 거주민의 의견을 반영하기 위해서였다.
④ 프랑스 혁명 이후 유럽에서 광장은 저항하는 이들의 소통 공간이라는 의미도 갖는다.

[3] 다음 글을 읽고 물음에 답하시오.

여러 가지 호흡기 질환을 일으키는 비염은 미세먼지 속의 여러 유해 물질들이 코 점막을 자극하여 맑은 콧물이나 코막힘, 재채기 등의 증상을 유발하는 것을 말한다. 왜 코 점막의 문제인데, 비염 증상으로 재채기가 나타날까? 비염 환자들의 코 점막을 비내시경을 통해 관찰하게 되면 알레르기성 비염 환자에겐 코 점막 내의 돌기가 관찰된다. 이 돌기들이 외부에서 콧속으로 유입되는 먼지, 꽃가루, 유해물질 등에 민감하게 반응하면서 재채기 증상이 나타나는 것이다.

알레르기성 비염은 집먼지, 진드기 등이 매개가 되는 통연성 비염과 계절성 원인이 문제가 되는 계절성 비염으로 나뉜다. 최근 들어 미세먼지, 황사 등 대기 질을 떨어뜨리는 이슈가 자주 발생하면서 계절성 비염의 발생 빈도는 점차 늘어나고 있는 추세다.

아직도 비염을 단순히 코 점막 질환이라 생각한다면 큰 오산이다. 비염은 면역력의 문제, 체열 불균형의 문제, 장부의 문제, 독소의 문제가 복합적으로 얽혀서 코 점막의 비염 증상으로 표출되는 복합질환이다. 비염의 원인이 다양하고 복합적인 만큼 환자마다 나타나는 비염 유형도 가지각색이다. 비염 유형에 따른 비염 증상에는 어떤 것이 있을까? 비염은 크게 열성 비염, 냉성 비염, 알레르기성 비염으로 나눌 수 있다.

가장 먼저, 열성 비염은 뇌 과열과 소화기의 열이 주된 원인으로 발생한다. 코 점막을 건조하게 만드는 열은 주로 뇌 과열과 소화기 열 상승으로 발생하기 때문에 비염 증상으로는 코 점막의 건조, 출혈 및 부종 외에도 두통, 두중감, 학습장애, 얼굴열감, 급박한 변의 등이 동반되어 나타날 수 있다. 냉성 비염은 호흡기의 혈액순환 저하로 코 점막이 창백해지고 저온에 노출됐을 때 맑은 콧물 및 시큰한 자극감을 주 증상으로 하는 비염을 말한다. 또한, 호흡기 점막의 냉각은 소화기능의 저하와 신진대사 저하를 동반하기도 한다. 냉성 비염 증상은 맑은 콧물, 시큰거림 외에도 수족냉증, 체열 저하, 활력 감소, 만성 더부룩함, 변비가 동반되어 나타난다. 알레르기성 비염은 먼지, 꽃가루, 온도 등에 대한 면역 반응성이 과도하여 콧물, 코막힘, 재채기, 가려움증 등을 유발하는 비염 유형이다. 알레르기성 비염은 임상적으로 열성과 냉성으로 또 나뉠 수 있는데, 열성 비염의 동반증상으로는 코막힘, 건조함, 충혈, 부종 및 콧물이 있고, 냉성 비염의 동반증상은 맑은 콧물과 시큰한 자극감이 나타날 수 있다.

가을철 환절기인 9~11월, 알레르기성 비염과 코감기 때문에 고생하는 이들이 많다. 코감기는 알레르기성 비염과 증상이 비슷해 많은 이들이 헷갈려 하지만, 치료법이 다르기 때문에 정확하게 구분하는 것이 중요하다. 알레르기성 비염은 여러 자극에 대해 코 점막이 과잉반응을 일으키는 염증성 질환으로 맑은 콧물, 코막힘, 재채기라는 3대 비염 증상과 함께 코 가려움증, 후비루 등이 나타날 수도 있다. 또한 발열이나 오한 없이 오직 코의 증상이 나타나는데, 원인은 일교차, 꽃가루, 스트레스 등으로 다양하다. 반면 코감기는 몸 전체가 아픈 바이러스 질환으로 누런 코, 심한 코막힘에 오한, 발열을 동반한 코 증상이 있으며, 코 점막이 새빨갛게 부어 오른 경우는 코감기로 볼 수 있다. 코감기는 충분한 휴식만으로도 치료가 가능할 수 있지만 알레르기성 비염은 꼭 약물치료가 필요하다.

3. 윗글의 내용과 부합하는 것으로 적절한 것은?

① 냉성 비염 환자의 코 점막은 건조하며 두통, 학습장애 등이 동반될 수 있다.
② 알레르기성 비염은 충분한 휴식만으로도 치료가 가능하다.
③ 코막힘과 더불어 몸 전체가 아플 경우 알레르기성 비염을 의심할 수 있다.
④ 면역 반응성이 과도하여 유발된 비염 환자의 경우에는 코 점막 내 돌기가 관찰된다.

4. 학생 A, B, C, D의 수강 신청과 관련하여 다음과 같은 사실들이 알려졌다. 이를 바탕으로 빈칸에 들어갈 말로 가장 적절한 것은?

- A와 B 중 적어도 한 명은 〈과학〉을 신청한다.
- B가 〈과학〉을 신청하면 C는 〈수학〉과 〈영어〉를 신청한다.
- C가 〈수학〉과 〈영어〉를 신청하면 D는 〈역사〉를 신청한다.
- D는 〈역사〉를 신청하지 않는다.
  이를 통해 A가 (　　) 를 신청한다는 것을 알 수 있게 된다.

① 〈수학〉　　② 〈영어〉
③ 〈과학〉　　④ 〈역사〉

5. 〈보기〉의 ㉠~㉤에 쓰인 ⓐ, ⓑ에 대한 설명으로 옳지 않은 것은?

보기

　용언은 어간에 어미가 붙어 다양한 의미를 나타내며 활용된다. 어미는 ⓐ <u>선어말 어미</u>와 ⓑ <u>어말 어미</u>로 나뉜다. 어말 어미는 다시 종결 어미, 연결 어미, 전성 어미로 나뉜다. 용언의 활용형에서 선어말 어미는 없는 경우가 있어도 어말 어미는 반드시 있어야 한다.

㉠ 민수가 그 나무를 <u>심었구나</u>!
㉡ 저기서 <u>청소하는</u> 아이가 내 동생이야.
㉢ 그 친구가 설마 그 음식을 다 <u>먹었겠니</u>?
㉣ 그가 나에게 권한 책은 이미 <u>읽은</u> 책이다.
㉤ 주말에 바람은 <u>불겠지만</u> 비는 오지 않을 것이다.

① ㉠에는 과거 시제를 나타내는 '-었-'이 ⓐ로 쓰였고, 감탄형 종결 어미 '-구나'가 ⓑ로 쓰였다.
② ㉡에는 ⓐ는 없고 동사의 현재 시제를 나타내는 관형사형 전성 어미 '-는'이 ⓑ로 쓰였다.
③ ㉢에는 과거 시제를 나타내는 '-었-'과 주체의 의지를 나타내는 '-겠-'이 ⓐ로 쓰였고, 의문형 종결 어미 '-니'가 ⓑ로 쓰였다.
④ ㉣에는 ⓐ는 없고 동사의 과거 시제를 나타내는 관형사형 전성 어미 '-은'이 ⓑ로 쓰였다.
⑤ ㉤에는 추측의 의미를 나타내는 '-겠-'이 ⓐ로 쓰였고, 대등적 연결 어미 '-지만'이 ⓑ로 쓰였다.

MEMO

DAY 05 정답 및 해설

Week 4

DAY 05

| 1 ③ | 2 ③ | 3 ④ | 4 ⑤ | 5 ③ |

1. ③

문항 명사수의 눈

이렇게 (가), (나)가 분리되어 제시되는 경우 (가) 지문과 (나) 지문이 어떤 관계를 맺고 있는지 큰 틀에서 파악하는 것이 선지 판단에 도움이 될 수 있다. 두 지문이 (가)와 (나)로 엮인 만큼 둘이 공유하는 큰 틀의 주제 등이 존재할 것인데, 각각의 지문을 읽는다는 관점으로 접근한 뒤 글의 '핵심'을 파악할 수 있었다면 (가)와 (나)가 같은 핵심의 구체화로 엮인 것인지, 같은 핵심의 서로 다른 입장을 제시한 것인지 등의 관계를 파악할 수 있을 것이다. 이번은 (가)에서 제시된 손해배상명령이 (나)에서 구체화되는 흐름이라고 판단할 수 있다.

정답 분석

③ (나)의 1문단에서 "행정·사법은 순수법학파가 지적하는 것만큼의 절대적인 차이가 있는 것은 아니라고 할 수 있지만, 역사적 혹은 기능적 차이가 있다."를 통해 순수법학파는 행정과 사법 사이에 역사적 혹은 기능적 차이가 아닌 절대적인 차이가 있다고 본다는 것을 알 수 있으므로 적절하다고 볼 수 없다.

오답 분석

① (가)의 2문단에서 1960년대 이후 손해배상소송이 급증하여 1977년에 절정에 다다른 뒤, 1980년대 들어 당연위법원칙의 후퇴, 경제분석 강화로 줄어들었다고 제시되고 있으므로 적절하다고 판단할 수 있다.

② (가)의 3문단에서 "피해자의 실질적인 구제를 위하여서는 ~ 손해배상명령을 직접 내리는 것이 효율적이라는 주장"이라고 제시되고 있는 것을 토대로 적절하다고 판단할 수 있다.

④ (나)의 1문단에 따르면 '손해배상은 사법의 가장 전형적인 작용이기 때문에 행정기관이 담당하게 된다면 삼권분립원칙과 상충될 가능성이 있지 않느냐 하는 문제가 생길 수 있'으므로 적절하다고 판단할 수 있다.

2. ③

정답 분석

③ 2문단에 따르면, 유럽의 여러 제후들은 권력 의지를 실현하는 데 중요한 역할을 한다는 차원에서, 광장을 도시 조성 시 일차적으로 고려하였다. 하지만 지문에서 '거주민 의견 반영'과 '권력 의지 실현'의 인과 관계를 특정할 수 없으므로, 유럽의 여러 제후들이 거주민의 의견을 반영하기 위하여 광장을 중요시했다고 단언할 수는 없다.

오답 분석

① 4문단에 따르면, 근대 이후 광장을 '더 많은 자유를 향한 열정이 집결하는 곳'의 용도로 사용하는 것은 시민의 정당한 권리이다.

② 1문단에 따르면, 고대 그리스의 아고라는 물리적 장소만이 아니라 사람들이 모여서 하는 '각종 활동과 모임'도 의미한다.

④ 3문단에 따르면, 프랑스 혁명 이후 근대 유럽에서 광장은 저항하는 대중의 연대와 소통의 장이라는 의미도 갖게 되었다.

국어 치열하게 독하게

3. ④

> **문항** 명사수의 눈
>
> 병렬도 대비임을 유념하고, 분류가 제시되는 경우 이들을 나눌 수 있는 기준, 각 개념의 속성을 정리해 둘 수 있도록 하자.

정답 분석

④ 4문단에 따르면 알레르기성 비염은 면역 반응성이 과도하여 발생하는 비염 유형으로, 1문단에서 이 유형의 비염 환자에겐 코 점막 내 돌기가 관찰된다고 제시되고 있으므로 적절하다고 판단할 수 있다.

오답 분석

① 4문단에 따르면 점막이 건조하며 두통, 학습장애 등이 동반되는 비염 유형은 열성 비염이다. 냉성 비염의 경우 맑은 콧물, 시큰거림, 수족냉증, 활력 감소 등이 주요 증상이므로 적절하다고 볼 수 없다.

② 5문단에 따르면 알레르기성 비염은 꼭 약물치료가 필요하며, 충분한 휴식만으로 치료가 가능할 수 있는 것은 코감기이다. 따라서 적절하다고 볼 수 없다.

③ 5문단에 따르면 몸 전체가 아픈 질환은 코감기에 해당하므로 적절하다고 볼 수 없다.

4. ③

정답 분석

③ D는 〈역사〉를 신청하지 않는다. D가 〈역사〉를 신청하지 않기 때문에, C가 〈수학〉과 〈영어〉를 신청하는 것은 거짓이다.(후건 부정) 따라서 B는 〈과학〉을 신청할 수 없다.(후건 부정) 결과적으로, B가 〈과학〉을 신청하지 않으므로 A가 〈과학〉을 반드시 신청해야 한다.(선언지 제거) 따라서, A가 〈과학〉을 신청하는 것이 타당하게 확인된다.

5. ③

정답 분석

③ ㉢에 쓰인 '-겠-'은 주체의 의지를 나타낸 것이 아니라 추측의 의미를 담고 있다. ⓑ는 의문형 종결 어미로 쓰인 것이 맞다.

오답 분석

① ㉠의 '-었-'은 과거 시제를 나타내는 선어말 어미(ⓐ)이며, '-구나'가 감탄형 종결 어미(ⓑ)로 쓰이고 있다.

② ㉡에는 ⓐ가 없고, '-는'이 동사의 현재를 나타내는 관형사형 전성 어미(ⓑ)로 쓰이고 있다.

④ ㉣에는 ⓐ가 없고, '-은'이 동사의 과거를 나타내는 관형사형 전성 어미(ⓑ)로 쓰이고 있다.

⑤ ㉤에는 '-겠-'이 추측을 나타내는 선어말 어미(ⓐ)로 쓰이고 있고, '-지만'이 대등적 연결 어미(ⓑ)로 쓰이고 있다.

빠른 정답

WEEK 1

· DAY 01 · P.008
| 1 ① | 2 ③ | 3 ④ | 4 ③ | 5 ① |

· DAY 02 · P.014
| 1 ④ | 2 ② | 3 ④ | 4 ③ | 5 ⑤ |

· DAY 03 · P.020
| 1 ② | 2 ③ | 3 ① | 4 ④ | 5 ① |

· DAY 04 · P.026
| 1 ③ | 2 ② | 3 ② | 4 ① | 5 ① |

· DAY 05 · P.032
| 1 ① | 2 ④ | 3 ④ | 4 ④ | 5 ③ |

WEEK 2

· DAY 01 · P.042
| 1 ① | 2 ④ | 3 ② | 4 ③ | 5 ⑤ |

· DAY 02 · P.048
| 1 ① | 2 ④ | 3 ④ | 4 ④ | 5 ③ |

· DAY 03 · P.054
| 1 ④ | 2 ① | 3 ② | 4 ② | 5 ⑤ |

· DAY 04 · P.060
| 1 ④ | 2 ③ | 3 ④ | 4 ② | 5 ⑤ |

· DAY 05 · P.066
| 1 ② | 2 ③ | 3 ④ | 4 ① | 5 ② |

빠른 정답

| 국어 치열하게 독하게 | | 공무원 데일리 유대종 |

WEEK 3

· DAY 01 ·   P.076

| 1 ④ | 2 ① | 3 ② | 4 ③ | 5 ⑤ |

· DAY 02 ·   P.082

| 1 ③ | 2 ① | 3 ③ | 4 ④ | 5 ① |

· DAY 03 ·   P.088

| 1 ③ | 2 ③ | 3 ① | 4 ③ | 5 ③ |

· DAY 04 ·   P.094

| 1 ① | 2 ④ | 3 ② | 4 ② | 5 ① |

· DAY 05 ·   P.100

| 1 ① | 2 ① | 3 ③ | 4 ④ | 5 ① |

WEEK 4

· DAY 01 ·   P.110

| 1 ① | 2 ① | 3 ④ | 4 ④ | 5 ④ |

· DAY 02 ·   P.120

| 1 ② | 2 ① | 3 ③ | 4 ① | 5 ④ |

· DAY 03 ·   P.126

| 1 ④ | 2 ④ | 3 ④ | 4 ③ | 5 ③ |

· DAY 04 ·   P.132

| 1 ② | 2 ④ | 3 ④ | 4 ④ | 5 ③ |

· DAY 05 ·   P.140

| 1 ③ | 2 ③ | 3 ④ | 4 ③ | 5 ③ |